KB121008

내 집 없는 부자는 없다

하락장에도 흔들리지 않는
부동산 선순환 투자

대치동 키즈 지음

내 집 없는 부자는 없다

원앤원북스

집값이 올라 허탈하고
마음고생하는 3040 세대에게

1 — 전에 일하던 회사를 방문했을 때 일입니다. 당시 만났던 옛 후배가 잠실엘스 아파트에 전세로 살고 있었고, 급하게 오른 매매가를 보고 매수를 할지 전세를 연장할지 고민이 된다고 이야기합니다. 저는 "청약을 하든 뭘 하든 무조건 집을 사라."라고 말했는데, 나중에 물어보니 싸게 전세를 들어갔다고 좋아하더군요. 지금 가격을 보니 그때보다 8억 원이 더 올랐네요. 저라도 살 걸 그랬나봐요.

2 — 아는 동료가 서울에 집을 샀다고 해서 물어봤더니 그 과정이 눈물겹더군요. 돈을 들고 와서 매수하는 사람을 어떻게 이렇게 대할 수 있냐고 말이죠. 계약하는 날 매도자는 나타나지도 않지, 부동산 중개인은 대기자가 많다고 상담받으려고도 안 하지 '너무하다'는 말이 절로 나왔다고 합니다. 2013~2014년 전세 대란 때도 이 정도는 아니었던 것 같다면서, 그 허탈함이 더 하면 더 했지 덜 하

지 않다고 하소연을 하더군요. 그래도 사서 다행인 것 같은데 이제
는 꼭지인지 불안하다고 합니다.

3 — 그동안 나름대로 열심히 주식 투자를 공부하고 성과도 냈다고
생각했는데, 여기저기 부동산으로 떼돈을 번 무용담을 들으니까 나
자신이 초라해 보이네요. 요즘에는 "내가 왜 부동산 투자에 관심을
가지지 않았을까? 했으면 지금쯤 대출도 갚고 주식으로 잃은 것도
만회하고 투자금도 늘리고 여기 동네도 하나 사고 뭐도 하고 뭐도
하고 했을 텐데."라는 후회가 계속 맴돕니다.

부동산 시장의 상승장이 시작되고 나서 주변의 제 또래 사람들
과 내화하면서 공감한 몇 가지 사연으로 첫 장을 시작해봤는데, 요
즘 부동산 시장을 바라보는 사람들의 생각이 어떠한지를 잘 말해주

는 것 같습니다.

부동산 시장을 잡기 위해 정부는 수십 번의 대책을 발표했지만 집을 가진 사람이나 가지지 못한 사람이나 부동산 때문에 잠을 못 이룹니다. 대한민국에 사는 3040 세대라면 강남은 물론 '마용성(마포·용산·성동)'이라든가 '수용성(수원·용인·성남)'과 같은 축약어를 2~3가지 정도는 알고 있어야 대화에 낄 수 있을 정도입니다. 이런 세태를 보면서 상승장의 중반을 넘어 광기의 시대가 온 것은 아닌지 생각됩니다.

광기의 시대에 부자의 길로 인도할 것 같은 부동산 폭주 기관차에 탑승하지 못한 대다수는 허탈감과 무기력증을 느끼고 있습니다. 특히 정부의 규제가 거듭되고 대출 규제가 심해지면서 돈 많은 소수만을 위한 부동산 시장으로 하나둘 바뀌어가면서 허탈감과 무기력증을 느끼는 다수는 더욱 많아지고 있습니다. 그러다 보니 뒤늦게 뛰어든 3040 세대들은 지금이라도 모든 것을 걸고 부동산 시장에 뛰어들어야 하는 것이 아닌지 불안해합니다. 결국 영혼까지 끌어모아서 투자금을 만들고 추격 매수에 나서고 있습니다.

부동산 시장은 그들의 불안감이 만드는 풍부한 매수세와 돈의 흐름, 즉 유동성을 연료로 해서 상승의 기운을 투기지역에서 투기과열지구를 넘어 조정대상지역으로, 그리고 이제 비조정지역까지 끊임없이 넓히고 있습니다. 상승장의 반환점을 돌아 서서히 절정으로 가고 있는 듯합니다.

세계적인 유동성 장세 속에 있는 2020년의 대한민국 부동산 시장이 거품인지 아닌지는 여전히 논쟁 중입니다. 많은 사람들이 유동성 장세가 지나가도 서울만큼은 만성적인 공급 부족으로 앞으로도 올라갈 일만 남았고, 늦기 전에 서울발 마지막 열차를 타야 한다고 말하고 있습니다. 하지만 해가 지면 달이 떠오르는 것처럼 부동산 시장도 상승과 하락이 있고, 하락장이 오면 치솟았던 가격은 조정을 받게 됩니다. 서울 안에서도 가장 수요가 사라지지 않을 것 같은 강남조차 불과 7년 전인 2013년에는 미분양이 있었던 사례에 비추어보면 그들의 말과 확신도 지금이 광기의 시대라는 것을 대변하는 것 이상의 큰 의미 부여를 하기는 어려운 것 같습니다.

하지만 반대로 다가올 하락장을 걱정한 나머지 지금 집을 구매할 계획을 접어야 하냐고 누군가 묻는다면 그럴 필요는 없습니다. 앞으로 얼마나 더 오를지도 모르지만, 꺼진다고 해도 크게 꺼질지 아니면 작게 꺼질지도 모르기 때문입니다. 그리고 내가 사는 곳이 하락 후에 금방 회복할지 아니면 하락한 채로 오래갈지도 모릅니다. 그러니 거품이 꺼진 후에 어느 정도 집값이 떨어져도 내가 구매할 가격보다 비싸서 안전 마진을 확보할 수 있고, 대출 원리금과 같은 금융 비용이 금리가 상승하거나 자산 가격이 하락해도 충분히 견딜 만하며, 마지막으로 나와 가족의 생애에서 구매할 이 집이 중요한 역할을 한다면 구매를 미룰 이유는 없습니다.

혹자는 "높은 가격에 사기가 부담스러우면 하락장을 기다려 낮아진 가격으로 사면 되지 않느냐."라고 반문할 수도 있습니다. 모두가 부동산 시장에서 탈출하려고 할 때 시장에 들어와 떨어지는 가격을 받아낼 용기가 있고 투자금이 있다면 가장 좋은 선택이 될 수 있겠지만, 10년 전 하락장을 경험했던 사람으로서 현실적으로 그럴 수 있을지는 의문이 듭니다. 금융 위기 이후 부동산 가격 폭락이 오면서 모두가 탈출하려고 하다 보니, 보유한 부동산을 사줄 사람이 사라지면서 투자는 고사하고 현금을 확보하는 데도 상당한 어려움을 겪었던 기억이 있기 때문입니다. "모두가 피를 흘릴 때 자산을 주워 담아라."라는 격언은 항상 현금이 넉넉한 부자에게만 해당한다는 사실을 그때 뼈저리게 체감할 수 있었습니다.

그렇게 부동산 투자의 성공을 맛보기도 전에 암흑의 시기를 먼저 경험하고 다시 일어서기 위해 절치부심하면서, 자연스럽게 상승장과 하락장에 구애받지 않고 부동산 투자를 해서 부자가 되는 방법을 연구하게 되었습니다. 그리고 하루하루가 바쁜 직장인이자 평범한 한 가족의 가장으로서 삶의 질을 유지하면서도 빠르게 종잣돈을 마련할 방법을 찾기 위해 가설을 세우고 실행하기를 반복했습니다. 책과 강의, 블로그와 SNS의 다양한 글들을 섭렵하면서 10년 전 투자에 실패할 수밖에 없었던 원인을 찾아냈고, 시황에 관계없이 성공하는 방법을 발견해 흔들리지 않는 기초 자산을 구축했습니다. 그리고 한 걸음 나아가 부동산을 활용한 선순환 투자법을 개발해 실천하면서 과거를 털고 부자가 되기 위한 문 앞에 서게 되었습니다. 마침내 이 책을 통해 그 경험을 집약해 허탈함을 털고 이제 막 부동산 투자를 시작하려는 3040 세대에게 자신 있게 추천할 수 있게 되었습니다.

이 책은 크게 4개의 대단원으로 구성되어 있습니다. 첫 번째 대단원은 부동산 시장의 상승과 하락을 모두 겪은 경험을 바탕으로 초보 부동산 투자자가 부동산 시장에서 느끼는 어려움과 미처 깨닫지 못했던 그 원인들을 이야기합니다. 종잣돈, 강의, 투자 기회, 매수와 매도, 시장의 변화 측면에서 분석해 투자를 망설이는 분들에게 동기부여를 드리고자 했습니다. 두 번째 대단원에서는 어려운 투자 기술이 아닌 누구나 할 수 있는 방법을 통해 부동산 시황에 흔들리지 않는 실거주 투자를 알려줍니다. 현실적인 종잣돈 마련 방법부터 성공률을 높이는 실거주 투자의 시기와 장소를 고르는 방법까지 기술했습니다. 세 번째 대단원에서는 실거주 투자를 뛰어넘어 부동산 전문 투자자가 되는 법을 이야기합니다. 경제적 자유를 얻고 부자가 되기 위한 문 앞에 설 수 있도록 선순환 투자를 통해 자산을 늘려가는 방법과 자산을 지킬 수 있도록 하락장에 대비하는·방법을 기술했습니다. 마지막 대단원에서는 그동안 투자 활동을 하며 얻은 깨달음을 가지고 현명한 부동산 투자를 지속할 수 있는 7가지 조언을 정리했습니다.

이 책에는 화려한 성공 후기나 멋진 청사진 따위는 적혀 있지 않습니다. 오히려 양육강식 세계와 같은 부동산 시장과 강호들의 이야기, 그리고 시장의 하이에나와 함정을 피하는 방법들을 담으려고 노력했습니다. 부동산 시장은 부자의 청사진만 보고 쫓아가다가는 성공보다 실패할 확률이 더 많은 결코 만만치 않은 시장이고, 살아남기 위해 적을 알고 나의 내공을 쌓아야 하는 현실적이고 치열한 전쟁터이기 때문입니다. 하지만 이런 전쟁터에서 적응하고 살아남을 수 있다면 그 보상만큼은 확실하게 얻을 수 있는 곳입니다.

부동산 시장은 다양한 형태의 투자 방법과 상품이 있고 이 책은 그중에서 주택 시장을 소재로 하고 있지만, 상승과 하락 어느 쪽에도 치우치지 않고 보편적으로 적용할 수 있는 원리를 담기 위해 노력했습니다. 이 책이 부동산 투자에 관심 있지만 망설이고 있는 많은 3040 세대에게 허탈함을 극복하고 나도 할 수 있다는 작은 희망을 심어주기를 바랍니다.

끝으로 이 책의 내용에 영감을 준 제 멘토와 신 사장님, 블로그 이웃들, 그리고 끝까지 완수할 수 있도록 동기를 부여해준 제 아내와 아이들에게 감사드립니다.

대치동 키즈 드림

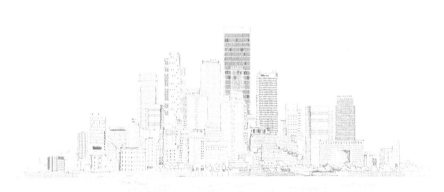

차례

PART 1

왜 나는 부동산 투자가 어려울까?

PART 2
부자 되기 1단계,
시황에 흔들리지 않는 내 집 투자

PART 3

부자 되기 2단계,
내 집을 넘어 부자로 가는 선순환 투자

PART 4
현명한 부동산 투자를 지속하기 위한 7가지 조언

에필로그
혼돈의 2020년, 부동산 시장을 맞이하는 자세

PART 1

왜 나는 부동산 투자가 어려울까?

종잣돈,
왜 나는 모으지 못할까?

"이번 달도 당신 월급만 빼고 다 올랐네!"

월급날만 되면 필자의 아내가 종종 하는 말입니다. 아내의 이러한 푸념은 별도의 투자 수익과 노후 걱정을 하지 않을 만한 자산이 생긴 지금도 별반 달라지지 않습니다. 신혼 때부터 가계 관리를 제가 직접 하고 있어서 매년 총급여가 얼마나 늘고 있는지 잘 알고 있지만, 아내의 말을 들을 때면 해명을 하기보다는 바쁜 척하며 자리를 피합니다.

매년 새해가 되면 인상된 연봉 금액만큼 지출하지 않고 적금으로 모아보겠다고 시도하지만 연초부터 오르는 물가와 이런저런 일로 발생하는 추가 지출 때문에 대부분 중도 해약을 하고 만기까지 유지한 적은 한 번도 없었습니다. 빈약한 의지를 반성하면서 훅 치고 들어오는 지출들을 막고, 조금이나마 목돈을 모아보려고 여러 카페와 책을 들여다보며 풍차 돌리기, 쿠폰 신공 등등 온갖 방법을 시도해봤지만 얼마 못 가 흐지부지됩니다. 아이들이 커가면서 드는 돈이 많아져 결국 지금은 월급을 떼어 저축하는 일은 그만두게 되었습니다.

○ 월급만으로 종잣돈을 만들기 어려운 현실적인 이유

이렇게 다짐과 실행을 반복하다가 끝내 월급으로 종잣돈 모으기를 포기했습니다. 물론 제 의지박약도 이유 중 하나였습니다. 하지만 가장 중요한 이유는 월급으로 종잣돈을 모으는 일이 자본주의 세상에서 성공할 확률이 희박하다는 것을 깨달았기 때문입니다.

우리가 살고 있는 자본주의는 자본을 매개체로 생산과 소비가 이루어지는 경제체제입니다. 더 많은 소비가 일어날수록 더 많은 생산이 이루어지고, 그 과정에서 자본가가 부가가치를 얻는 구조입니다. 자본가는 자신들이 원하는 만큼의 부가가치를 얻기 위해 생산자에게 자금을 대고, 생산자인 기업은 소비자이자 가계인 직원에게 급여, 즉 소비할 돈을 줍니다. 소비자는 각종 미디어를 통해 전파되는 광고와 홍보물을 보고 동기부여를 받아 기업이 만든 상품과 서비스를 소비하고 엔도르핀(Endorphin)을 얻습니다.

세금이 필요한 정부는 소비자가 조금 더 많은 소비를 하도록 경기를 부양하고 물가 상승을 유도하며, 기업이 직원의 급여를 올리도록 유도합니다. 또한 급여를 받지 못해 소비 능력이 떨어지는 사람에게는 소비를 촉진시키고자 기초연금이나 청년수당 같은 지원금을 제공합니다. 이러한 정부의 노력은 대부분이 급여를 받아 소비생활을 영위할 수 있었던 산업화 세대에게는 포퓰리즘으로 비추어집니다. 하지만 만성적인 저성장과 양극화가 진행되어 급여를 받지 못하는 사람이 늘어날수록 이러한 정부의 역할은 커집니다.

기업이 주든 정부가 주든 가계에 주는 급여는 기본적으로 소비를 위한 것이기 때문에 돈이 남도록 지급되지 않습니다. 그래서 급여를 통해 종잣돈을 모으려면 극단적으로 소비를 줄이거나, 다수가 제공하지 않는 특별한 노동 가치를 기업에게 제공해서 성과급을 얻어야 합니다. 하지만 그러한 특별한 노동 가치를 제공하는 사람은 매우 소수이기에, 우리에게 주어진 선택지는 극단적으로 소비를 줄이는 것 외에는 없습니다. 이는 곧 우리의 자존감과 연결되는 삶의 질과 맞바꾸어야 함을 의미합니다. 당연히 실천하기 어렵습니다.

이것이 바로 자본주의하에서 월급만으로 종잣돈을 만들기 어려운 현실적이고 구조적인 이유입니다.

○ 늘어나는 고정비와 행복을 좌우하는 변동비

혹자는 이렇게 질문할 수도 있을 것입니다.

"외식 한 번 안 하고 해외여행 안 가면 충분히 돈을 모을 수 있는 것 아닌가요? 어떻게 할 거 다 하면서 급여로 종잣돈을 못 만든다고 푸념을 하나요?"

질문에서 언급한 외식이나 해외여행을 포함해 주류, 담배, 문화생활 등 오락 및 여가성 지출은 종잣돈을 모으기 위해 줄일 수 있는 소비가 맞습니다. 하지만 '2019년 가계동향조사' 지출 부문에 따르면 일반 가구의 전체 지출 중 이러한 항목이 차지하는 비중은 전체의 약 23%뿐입니다. 나머지 77%의 지출 항목은 기본 의식주와 통신, 교육, 병원, 교통, 금융 비용 등 사회 구성원으로서 필요한 사회망과 연결된 것이었습니다. 단지 종잣돈을 모으기 위해 줄이기에는 기본적인 삶의 질에 많은 희생이 따릅니다.

그렇다면 23%를 차지하는 오락 및 여가성 지출은 어떨까요? 이 비용들이야말로 나와 가족의 행복을 좌우하는 비용들입니다. 사회망과 관련된 지출은 기본 생활을 영위하기 위한 것이기 때문에 이 지출로 인해 내가 일한 만큼 행복을 보상받는다고 생각하지 않는 반면, 오락 및 여가성 지출은 신용카드로 몇 달치를 미리 당겨서 쓰

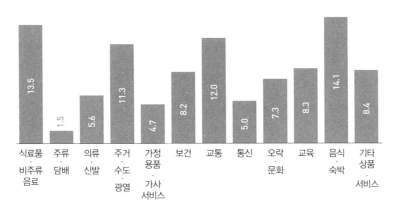

지출목적별 소비지출 비중

(단위: %)

식료품·비주류음료	주류·담배	의류·신발	주거·수도·광열	가정용품·가사서비스	보건	교통	통신	오락·문화	교육	음식·숙박	기타상품·서비스
13.5	1.5	5.6	11.3	4.7	8.2	12.0	5.0	7.3	8.3	14.1	8.4

자료: 통계청

는 일이 빈번할 정도로 큰 행복감과 자존감을 줍니다. 특히 소소하지만 확실한 행복, 이른바 '소확행'을 추구하는 현대사회에서 이러한 지출을 자제한다는 것은 삶의 의미와도 직결되는 문제입니다.

그럼에도 불구하고 앞서 질문에서 주장하는 대로 종잣돈을 만들겠다는 불굴의 의지를 가지고 나의 행복을 누리기 위한 소비를 전부 포기하고 남은 소득을 전액 저축한다고 가정하면, 부동산 투자를 위한 종잣돈을 만들 수 있을까요? 분명 그렇게 하지 않는 사람들과 비교해서 박수쳐줄 만한 일이지만 여전히 장애물은 존재하기 때문에 그리 녹록하지 않습니다.

○ 우리가 가입한 금융 상품의 숨겨진 진실

오락 및 여가성 지출 23%를 하지 않고 남은 금액이 그대로 월급 통장에 남아 있다고 가정할 때, 1년 동안 이자는 얼마일까요? 2019년 12월 기준 상호저축은행 정기예금 금리는 2.32%입니다. 금융 위기 이후 저금리 기조로 인해 계속해서 하락하고 있습니다. 1천만 원을 정기예금 통장에 넣는다고 하면 1년에 23만 2천 원이 불어나는 꼴입니다.

사정이 이렇다 보니, 많은 가정에서 예금이자보다 조금이라도 더 나은 수익을 얻기 위해 주식 직접 거래부터 펀드와 수익형 보험 상

수신금리(신규취급액 기준)

─○─ 상호저축은행 정기예금(1년)

자료: 통계청

품까지 다양한 금융 상품에 가입하고 있습니다. 하지만 우리가 가입하는 수많은 금융 상품들은 삶의 행복을 포기하고 모은 돈을 부동산 투자에 충분한 돈이 되도록 불려주기는 고사하고, 은행 이자만도 못 받거나 오히려 원금 손실을 입히면서 종잣돈 모으기를 포기하게 만드는 경우도 허다합니다.

너무나 복잡한 금융 상품들

2020년 1월 펀드슈퍼마켓(www.fundsupermarket.co.kr)에 등록된 기준으로, 전체 금융사에서 취급하는 펀드의 수는 총 2,019개입니다. ELS, ELF, 리츠, DLF, 각종 지수 연동 파생 상품, 해외 펀드, 국내 펀드 등을 포함한 개수입니다. 금융 시장이 글로벌화하고 복잡해짐에 따라 다양한 상품들이 개발되어 판매되고 있습니다.

문제는 대부분의 상품들이 운용에 개입하기가 어렵고 환매 시기가 정해져 있어 가입하고 나면 몇 개월에서 몇 년 단위로 만기가 될 때까지 잘 되기만을 기도할 수밖에 없다는 것입니다. 또한 채권이나 금이나 구리 등 다양한 지수와 연계된 펀드로 세분화하면서, 주가 상승과 관계없이 원금 손실을 보는 상품도 생겼습니다. 그로 인해 DLF 사태와 같은 금융 사고도 일어나고 있습니다.

양극화되는 고객과 금융회사

사회경제적으로 양극화가 일어나면서 소수의 사람이 절반 이상의 부를 독점하는 현상은 심해지고 있습니다. 그러다 보니 고객을 상대하는 금융회사도 소수의 부자를 상대하는 회사와 다수의 일반인을 상대하는 회사로 나뉘고 있습니다. 돈이 모이는 곳에 최고의 실력자와 장비가 제공되는 금융회사의 속성상 그 출발선은 다를 수밖에 없습니다.

이렇듯 부동산 투자를 통해 부를 이루겠다는 꿈은 안타깝게도 그 시작인 종잣돈을 모으는 일부터 사회구조적인 난관에 부딪히게 됩니다. 그리고 불굴의 의지와 극한의 절약을 통해 난관을 뚫고 종잣돈을 모았다 하더라도 부동산 투자를 시작하기까지 또 다른 난관이 기다리고 있습니다.

부동산 강의,
왜 나는 실천하기 어려울까?

부동산 투자를 시작하기로 마음먹고 나서 누구나 맨 처음 찾아보는 것이 부동산 서적입니다. 종잣돈이 어느 정도 쌓이기 시작하면 곧바로 투자에 임해야 할 것 같은 마음에, 서점에 가서 관련 서적을 탐독하고 작가의 블로그나 카페 등에 방문해서 추가적인 정보를 얻으려고 합니다. "나는 ○○을 통해서 ○○채를 소유했다"라든가 "당장 ○○에 투자하라"와 같은 제목에 이끌려 읽고, 그들이 말하는 기상천외한 방법들을 접하면 그대로 따라만 해도 쉽게 성공적인 부자의 길로 들어갈 수 있을 것 같습니다. 투자 이력을 보여주면서 자신이 가지고 있는 지식과 정보를 아낌없이 드려 돈을 벌게 해주겠다는 유튜브 광고를 보면 한 번쯤은 눌러보고 싶은 생각이 듭니다. 심지어 부동산 투자를 돈을 넣으면 몇 배의 돈이 나오는 요술 방망이로 생각하고 무작정 돈 얼마를 맡길 테니 선생님의 안목으로 대신 투자해달라고 하는 사람도 있습니다.

◉ 고수와 타짜, 그리고 책상 전문가

부동산 투자의 세계는 맹수들이 우글거리는 곳입니다. 부동산 사기 사건에 연루된 사람들의 고통스러운 이야기를 기사로 쉽게 접할 수 있듯이, 조금이라도 허술해 보이는 초보자들에게는 그들을 호구로 삼아 자기의 돈주머니를 채우려는 타짜들이 접근합니다. 반면에 주식 투자의 귀재 워런 버핏처럼 산전수전 다 겪은 역량 있는 고수들도 많아서, 뜻이 있는 분들이 강좌를 개설하고 이러한 사람들을 초빙해 부동산 투자의 성공 진입을 돕고 있기도 합니다.

운이 좋지 않아서 호구가 되거나 운이 좋아서 부동산 내공을 전수받든 간에 세상에 공짜가 없으니 부동산 투자를 배우려면 그만큼 수업료를 내야 합니다. 어떤 선택을 하든지 아무것도 안 하는 것보다 분명히 나은 일이고, 설령 호구가 될지언정 내공을 배울 수 있다면 기꺼이 수업료를 낼 것입니다. 문제는 실전 경험이 전혀 없이 이론만 파고들거나 한두 번의 성공 사례만을 가지고 반복하는 책상 전문가를 만나서, 잘못된 지식을 바탕으로 투자해 제대로 시작도 못 해보고 부동산 시장을 떠나는 데 있습니다.

책상 전문가가 위험한 이유

부동산 강의는 누가 할까요? 대부분 본인이 성공한 투자 경험과 기술을 공유하거나 탁월한 부동산 시황 혹은 지역 분석, 혹은 부동산 관련 법 해석을 인정받아 특강에 초빙되거나 무료 강좌를 개설하면서 부동산 콘텐츠 시장에 진입합니다. 그중 일부는 강의에서 재능을 발견하고 전문 강사의 길을 걷기 시작합니다. 검증된 투자 고수들 대부분은 자산 소득을 통한 생계 기반과 투자 철학 및 기술을 어느 정도 완성하고 나서 강의를 통한 전수에 나서지만, 자산 소득 기반이 부족한 전문가들의 경우 다릅니다. 강의와 컨설팅을 주 생계 수단으로 하고 부동산 실전 투자를 부수입으로 하는, 이른바 생계형 부동산 전문가가 됩니다.

부동산 시장에서 계속 살아남기 위해서는 돈의 감각을 날카롭게 가져가는 것이 중요합니다. 그러기 위해서는 부동산 시장에 계속 참여하면서 시시각각 변하는 현장을 파악하고 대응해야 합니다. 시장과 정책이 수시로 바뀌는 상황에서 그에 따라 매매 트렌드도 바뀌고 대응 방법도 바뀌기 때문입니다. 일례로 정부의 정책 기조에 따라 재건축은 강력하게 막고 있다면 반대로 재개발이나 소규모 재건축 혹은 가로주택 개발 등은 대출 규제나 허가 등을 상대적으로 느슨하게 운영합니다. 한쪽의 규제로 막힌 도심의 주택 공급 부족을 다른 쪽에서 해결해야 하기 때문입니다.

부동산 시장은 살아 있는 생물과 같습니다. 시장에 있는 투자자라면 좀 더 나은 레버리지와 수익 기회에 자연스럽게 관심을 가질수밖에 없고 흐름에 맞춰 이동하게 됩니다. 하지만 시장에서 멀어지다 보면 디테일을 따라가기 어려워집니다. 부동산 강사도 다를게 없습니다. 강의가 주 생계 수단이 되고 그로 인해 투자를 등한시하게 되면 돈의 감각이 서서히 떨어지면서 점점 원론적인 이야기혹은 2~3년 전 사례들을 몇 가지 통계자료와 섞어서 반복하게 됩니다. 그런 다음 수강생들이 특정 지역의 전망을 물어오면 트렌드에 맞지 않는 과거의 기준과 사고방식으로 해석해주고 매수 여부를알려주는 것입니다. 본인의 과거 영웅담을 섞어서 그럴싸하게 포장하지만 이미 시장은 변화해 있습니다. 잘못된 판단으로 손해를 보는 것은 강사가 아니라 강사를 믿고 돈을 묻은 수강생입니다.

투자 전 이론을 공부하고 싶다면 정부나 지자체에서 제공하는프로그램도 도움이 됩니다. 참고로 부동산 경매 기초나 공인중개사, 혹은 재건축·재개발의 사업 절차에 대한 원론적인 내용을 알고싶은 분들은 서울시 평생 학습원(sll.seoul.go.kr)에서 온라인 강의를통해 무료로 제공하고 있으니 기초부터 심화까지 상세하게 배울 수있습니다.

부자가 아닌데 부자 행세를 하는 전문가

상승기 초·중반에서 운 좋게 시세차익을 만든 투자자가 있습니다. 이들은 부자와 빈자의 다른 점을 비교하면서 자신의 투자기에 빗대어 부자 마인드를 강조합니다. 믿어도 되는 걸까요? 이러한 콘텐츠는 학계의 오랜 리서치 결과가 아니거나 진짜 부자가 말하는 것이 아니라면 진위를 의심해봐야 합니다. 부자가 아닌 강사 본인의 생각에서 유추된 내용이 많기 때문입니다. 또 굳이 강의를 듣지 않더라도 유튜브만 찾아봐도 비슷한 내용이 많습니다.

부자 마인드는 돈을 다루는 그릇을 키우는 것입니다. 따라서 머리로만 이해하려고 하면 한계가 있고, 잘못 이해하면 엉뚱한 지출만 커질 수 있습니다. 현실에서 부자들이 어떻게 생각하고 행동하는지를 알고 싶다면 차라리 주변의 오래된 부동산 중개소에 가서 거래하시는 부자 할머니의 투자 이야기를 알려달라고 하는 것이 낫습니다.

"무조건 ○○하지 마세요."라는 전문가

"무조건 상가는 하지 마세요.""오피스텔 하면 무조건 망합니다." "재개발 잘 모르면 하지 마세요.""다세대주택 하면 고생만 합니다." 등등 확정적으로 말하는 전문가들이 있습니다. 강의를 듣다 보면 그 투자 분야에 뛰어들어 고생도 하고 실패도 해본 경험을 토대로 말하는구나 싶어 의도가 이해되고, 사이다 같은 발언에 "그래, 맞아!"하며 공감할 수도 있습니다. 하지만 부동산 투자에서 '무조건' 이란 조심해야 하는 단어입니다. 투자자는 항상 유연한 사고를 하고 있어야 대응하기 쉽기 때문입니다. 만약 어떤 투자 상품에 '무조건'이란 말을 붙이는 순간, 그 단어는 상상력을 제한하고 기회를 볼 수 있는 눈을 가립니다. 부동산 시장은 시시각각 변하는 사회 시스템에 연결되어 민감하게 반응하는 생물이라는 점을 잊어서는 안 됩니다.

○ 디테일을 알려주지 않는다

　제가 부동산 강의를 찾아 듣기 시작한 것은 2011년부터입니다. 부동산 투자를 시작한 것은 그보다 전인 2007년부터지만 하락장이 도래하니 그 많던 부동산 강사들과 강의들이 모두 다 사라졌었습니다. 찾는 사람이 없으니 강의 시장이 활성화될리가 만무했습니다. 서점에서 부동산 관련 매대가 별도로 있는 곳도 찾기 힘들었고, 유튜브도 활성화되지 않았고, 온라인 카페에서도 원하는 정보를 얻기가 쉽지 않았습니다. 그래서 정보의 갈증을 해소하고 새로운 기회를 모색하기 위해 부동산 투자의 기본부터 건축법까지 다양한 책과 특강 및 정규 강의를 듣고 실전 투자에 활용하고자 했습니다.

　하지만 생각보다 투자에 적용하기는 쉽지 않았습니다. 처음에는 스스로 강의 내용을 완벽히 이해하지 못했기 때문이라고 생각했습니다. 강의 녹음 파일을 반복해 들어보기도 하고, 때에 따라서는 비슷한 다른 강의도 들어보면서 놓친 부분이 있는지를 찾아보기도 했습니다. 하지만 나중에 실전 경험이 쌓이다 보니 원인은 다른 곳에 있음을 알게 되었습니다. 바로 강의 내용이 아무리 훌륭하더라도 각 개개인의 다양한 사례에 대처할 수 있는 디테일을 알려주지 않는다는 것이고, 그 디테일에서 투자의 성공 여부가 결정된다는 것입니다.

예를 들어 이렇습니다. 재건축·재개발 강의에서 중점적으로 가르치는 것은 사업성 분석입니다. 강사가 개발한 원리로 분석한 몇 군데 대표적인 재건축이나 재개발, 혹은 본인이 투자했던 재건축·재개발에 대한 스프레드시트 문서를 보여주면서 사업이 진행될 수 있는지, 예상 프리미엄은 얼마가 될 것인지 등을 알려줍니다. 이러한 분석은 분명 중요하고 사전에 한 번쯤 해볼 필요가 있지만, 실제 투자를 실행할 때 중요하게 봐야 하는 것은 사업성보다는 투자하는 지역의 매수세와 조합의 분위기입니다. 아무리 사업성이 좋아도 실제 사업의 진행 여부를 판가름하는 것은 그 지역에 속한 지역 주민의 동의이고, 결정적으로 그 안의 다양한 이해관계자와 각종 소송을 조정하면서 순조롭고 빠르게 이끌어갈 수 있는 조합장과 조합 임원의 추진력이기 때문입니다. 또한 끝까지 보유하기보다는 중간 단계에서 매도해 투자 수익을 얻고 투자금을 회수하고자 하는 투자자에게는 보유하는 동안 충분한 매수세가 유지되는지 눈여겨보는 게 중요합니다.

이렇듯 강의와 실전이 디테일에서 차이가 있다 보니 부동산 시장에 처음 진입하는 분들 중에는 가르쳐준 대로 사업성 분석만 하다가 어려워 포기하거나, 용적률이나 건폐율 등 겉으로 드러난 숫자만 보고 투자하는 분들이 상당히 많습니다. 사업성을 제일 잘 판단하는 것은 강사가 아니고 사업에 뛰어드는 건설사이기 때문에, 건설사가 선정되었다는 것은 사업성이 있다는 것을 의미하는 데도 말입니다.

분명 부동산 강의는 먼저 앞서간 사람들의 노하우를 전수받아 실제 투자 시 무지에서 오는 시행착오를 줄이고 투자금을 지킬 수 있다는 점에서 투자자에게 꼭 필요한 단계입니다. 하지만 강의를 하는 전문가라 해도 걸어온 길이 다르고 성공한 방식이 다르므로, 배웠다고 해서 투자 실력이 올라가는 것이 아님을 명심합시다.

또한 강사 중에도 진짜 고수와 가짜 고수가 같은 얼굴을 하고 공존하고 있기에 이를 잘 골라내야 합니다. 진짜 고수를 찾으려면 강의를 무작정 듣기보다는 강사의 책이나 블로그, 무료 북콘서트 등을 미리 보고 판단할 필요가 있습니다. 실력이 부족해 잘 모르는 강사일수록 그 실력을 감추기 위해서 단언적인 표현을 많이 씁니다. 매번 변화하는 부동산 시장에서는 단언과 속단이 가장 위험한 것임을 잊지 말아야 합니다.

투자 기회,
왜 나는 한 박자 늦을까?

"저 고민이 있는데요. 이미 많이 오른 것 같은데 어떻게 하죠?"

2017년도 7월쯤이었습니다. 필자가 대리 시절에 일하던 회사를 오랜만에 놀러갔다가 예전 부사수를 만났습니다. 2007년도에 신입으로 들어온 저와 같은 강남 출신 친구였는데, 이런저런 이야기를 하던 중 송파구 잠실동 잠실엘스 아파트에 전세를 산 지 5년 정도 되었다고 하면서 고민을 털어놓기 시작했습니다. 그 부사수가 하는 이야기가, 같은 아파트에 전세 살던 회사 동료가 있는데 중국으로 발령을 받으면서 2016년 말에 전세금으로 같은 단지 25평 아파트

를 사고 갔고 2017년 들어서 가격이 뛰었다는 겁니다. 그러면서 본
인은 지금 33평 전세를 살고 있는데 집주인이 전세금 올려달라 했
다고 합니다. 자기도 그 동료처럼 25평 집을 살까 아니면 그냥 다른
전세를 알아볼까 물어보길래, 저는 지금도 높은 가격은 아니니 조
금 무리하더라도 집을 사라고 말해주었습니다. 하지만 결국은 고민
하고 고민하다가 너무 오른 집값이 내려갈까 두렵기도 하고 대출도
부담되던 차에 싸게 전세가 나온 게 있어 들어갔다고 전해왔습니다.
그 뒤로는 연락이 뜸해졌는데 그 이후로도 잠실엘스 아파트는 8억
원 가까이 더 올랐습니다.

○ 선택을 어렵게 만드는 초심자의 결정장애

내 집 마련을 포함해서 부동산 투자에 처음 뛰어들게 되면 모든
과정이 너무 머리 아픕니다. 수억 원의 돈이 오고 가는 인생 최대의
고관여 상품이다 보니 '사고 나서 부동산값이 떨어지면 어쩌지?' 하
는 마음에 최대한 신중하게 선택하겠다는 생각이 앞서지만, 막상
중개소를 가보면 어느 하나 내 마음대로 되는 것이 없습니다. 백화
점에 가서 명품백 하나 사는 것쯤은 아무것도 아니었던 나인데 집
하나 고르는 것이 왜 이렇게 어려운지, 중개소를 들락날락한 지가
몇 달은 되는 것 같습니다.

내 집을 알아본 사람이라면 다들 한 번쯤은 공감하는 이야기지만, 안타깝게도 마음에 두었던 집은 고민하는 사이에 갑자기 가격이 훅 오르면서 나를 좌절시킵니다. 그 이유는 계약하고 나서 두 달 안에만(2019년 12월 16일 부동산 대책 이후 계약분부터는 한 달 안에) 실거래가 등록을 하면 되는 반면, 억 단위의 부동산 매매가로 인해 부르는 호가의 단위가 적게는 1천만 원에서 많게는 1억 원까지 이전 실거래가에서 계단식으로 오르기 때문입니다. 호재가 강한 특정 지역의 경우 갑자기 매수세가 몰리며 하루에도 호가가 여러 번 바뀌다 보니, 실거래가와 인터넷상의 호가, 현장에서의 호가 사이에 시차가 생깁니다. 특히나 활황장에서는 불과 몇 시간 만에 뛰는 호가와 매물 증발로 인해 많은 분들이 결정을 미루다가 스스로 포기하거나, 힘들게 결정하고 계약금을 넣었다가 매도자에 의해 배액 배상을 받고 파기당하는 경우도 종종 생깁니다.

반대로 부동산 가격이 떨어지는 하락장에서는 이러한 초심자의 결정장애가 영향을 덜 줄 것으로 보이지만 실제로는 상승장보다 더욱 심해집니다. 상승장에서는 주변에서 구매를 권장하고 또 수익을 본 이야기도 들으면서 용기를 얻지만, 하락장에서는 가격은 원하는 만큼 떨어졌지만 모두가 어디까지 가격이 떨어질지 모른다는 공포감으로 권장하기는 고사하고 구매를 만류하기 때문입니다.

이렇게 부동산 투자를 처음 시작하는 초심자는 매수 결심을 하기까지 상당한 시일이 걸립니다. 그러나 부동산 시장은 나만 바라보는 것이 아니기 때문에 그사이 더 좋은 조건으로, 혹은 더 빠른 타이밍에 다가오는 다른 투자자의 손을 덥석 잡기 마련입니다. 고심 끝에 결정장애를 딛고 매수를 결심했더라도 안타깝게도 이미 떠나버린 버스를 보고 허탈해할 수밖에 없습니다.

◉ 투자한다고 해서 모든 걸 다 알 수 없다

투자를 하다 보면 매번 아쉽습니다. 저 역시도 나름 생각이라는 것을 하고 가치를 확인한 곳에 투자했고 예상대로 혹은 예상보다 많은 수익을 냈음에도 같은 시기, 같은 자금으로 다른 곳에 투자해서 좀 더 많은 수익을 낸 사람의 이야기를 들을 때마다 '아, 내가 왜 그때 거기를 눈여겨보지 않았을까?' 혹은 '왜 몰랐을까?' 하고 아쉬워하고 자책하곤 합니다.

처음 부동산 투자에 뛰어드는 사람에게 이러한 아쉬움과 자책은 기존 투자자보다 더 큽니다. 부동산 투자 혹은 내 집 마련을 시작하는 대부분의 사람들은 상승장에서 자신보다 먼저 뛰어든 주변 사람의 이야기를 들으며 뒤늦게 뛰어들기 때문입니다. 뒤늦게 뛰어들어서 마음은 급한데 도저히 어디에 돈을 묻어놔야 할지 모르겠다는 불안감이 생깁니다. 그러다 보니 '내 안목보다는 좀 더 낫겠지.' 하는 마음에 유명한 누군가가 확신에 찬 목소리로 찍어준 곳으로 몰려가기도 합니다.

하지만 주식 투자자가 주식 시장의 모든 주식을 다 알지 못하듯이 우리는 부동산 시장의 모든 지역과 모든 상품을 다 알 수 없습니다. 설령 모든 지역을 다 안다고 치더라도 어떤 지역이 가장 많은 수익을 남겨줄지 알지 못합니다. 한 발 물러서서, 정말 어느 선각자가 나타나서 가장 많은 수익을 남겨줄 곳을 찍어준다고 가정하더라도 가장 적은 투자금이 들어갈 찰나를 찍어주기는 어렵습니다. 두 발 더 물러서서, 부동산의 거의 신적인 존재가 나타나서 모든 지역을 일렬로 세워주고 가장 수익이 많이 남을 10개 지역을 찍어준 뒤 가장 적은 투자금이 들어갈 시기조차 찍어주었다 가정하더라도 그곳이 내가 가지고 있는 투자금으로 접근 가능한 곳인지는 일일이 알려주지 않습니다. 세 발 더 물러서서, 정말 조상님이 도우셔서 내가 가능한 투자금으로 할 수 있는 최상의 투자 지역을 알았다 치더라도 이미 진입하기엔 늦어버린 시장 상황일 수도 있습니다.

초심자는 처음 하는 투자로 최고의 수익을 맛보고 싶은 마음에 전문가의 도움을 받고 싶어 하지만, 아무리 대단한 전문가라 하더라도 동시에 일어나는 대한민국의 모든 부동산 투자 기회를 다 알려줄 수 없습니다. 그렇기 때문에 도움을 받는다 해도, 우리가 투자할 수 있는 것은 나의 시야에 들어온 한두 개이고 나머지 수많은 선택지는 모르고 지나가게 됩니다.

또 부동산 시장은 무수히 많은 투자자와 실거주자의 선택이 모여 이루어지는 집단감성과 지성의 합입니다. 개인의 두뇌가 그 움직임을 다 알기는 불가능합니다. 나중에 복기해보면 당연하게도 시장의 기회는 항상 우리의 시야와 판단보다 몇 발자국 더 앞서 있었습니다. 그래서 아무리 좋은 투자를 했다고 하더라도 항상 우리는 시장보다 한 박자 느린 경우가 더 많을 수밖에 없고 남의 떡이 더 커 보일 수밖에 없습니다.

부동산 공부를 느리더라도 스스로 해야 하는 이유가 여기에 있습니다. 한 박자 느릴 수밖에 없음을 인정하지 않은 채 욕심과 무지가 더해지면 금세 시장의 하이에나들에게 걸려 자신도 모르는 사이에 종잣돈을 털립니다. 지금도 수백 채의 갭 투자를 했다는 영웅담과 달콤한 말에 자신의 돈을 맡겼다가 역전세난에 엮여 종잣돈을 날린 무수히 많은 기사들을 접하고 있는 것이 그 증거입니다.

부동산 투자자에게 중요한 건 어떠한 이유로든 투자금을 잃어 시장에서 이탈하지 않는 것입니다. 이탈하는 순간 돈의 감각을 잃어버리고 기회를 보는 안목을 잃어버리기 때문입니다.

○ 빅데이터화되는 부동산 시장과 더 빨라지는 투자자들

2010년도에 들어오면서 부동산 시장, 특히 아파트 시장에 새로운 변화의 바람이 불어왔습니다. 바로 다방, 직방, 호갱노노 등등

IT 기술을 기반으로 하는 앱을 통해 다양한 부동산 빅데이터를 제공하는 회사들이 등장하기 시작한 것입니다. 위치기반 서비스와 부동산 실거래가는 기본이고, 포털이 매물 정보를 기반으로 연식, 전세가 비율 혹은 매매가와의 가격 차이, 원하는 금액대, 심지어 현재 이 매물을 보고 있는 사람의 수까지 파악합니다. 이 정보를 실시간으로 지도 위에 생생하게 제공해서 실수요자는 물론 투자자의 선택을 돕고 있습니다.

최근에는 다수의 부동산 전문가들과 협업하며 부동산 칼럼과 인터뷰를 통해 시장의 동향과 투자 노하우도 제공하고 있습니다. 여기에서 한 단계 더 진화한 투자자를 위한 전문 서비스들도 속속 소개되고 있습니다.

리치고(www.richgo.ai)

(주)데이터 노우즈에서 개발한 부동산 및 경제 분석 서비스로 한국감정원, KB시세, 한국은행, 통계청 및 각국 주요 금융 데이터를 바탕으로 AI를 활용한 자체 분석을 통해 부동산, 경제 관련 각종 빅데이터 차트 및 보고서 형식의 인사이트를 제공하고 있습니다.

부동산지인(www.aptgin.com)

(주)지인플러스에서 제공하는 빅데이터 서비스로 부동산에 대한 각종 정보와 법규를 보다 편리하고 쉽게 접근할 수 있습니다. 정부에서 제공하는 각종 데이터를 자체 분석팀을 활용해 차별화된 정보 서비스를 제공합니다.

이렇게 부동산 시장이 디지털 데이터화되면서 클릭 한 번으로 전국의 현황을 주식 시황처럼 알 수 있습니다. 심지어 AI 비서가 사야 할 시점과 팔아야 할 시점을 알려주는 수준까지 진화했습니다. 이렇게 정보의 비대칭이 해소되면서 투자자들의 움직임이 과거와 비교할 수 없을 정도로 빨라졌습니다. 반면에 시장에 새로 진입하는 초심자 입장에서는 데이터 분석 능력이 없으면 부동산 시장의 움직임을 따라가기가 점점 힘들어지고 있습니다.

부동산 투자에서 투자의 기회를 아는 것은 투자금을 확보하는 것만큼 중요합니다. 안타깝게도 투자의 기회는 아는 만큼만 보이기 때문에 부동산 시장을 바라보는 시야가 좁고 AI 빅데이터와 같은 최신 부동산 정보 도구에도 서툰 부동산 초심자가 누구나 인정하는 최고의 기회를 잡기란 쉽지 않습니다. 그리고 그 기회를 알았다고 해도 초심자의 결정장애로 인해 고심하면서 한 발 늦게 됩니다.

매수와 매도,
왜 나는 비쌀 때 사서 쌀 때 팔까?

부동산 공부를 시작하고 수많은 전문가들의 견해를 살피다 보면 한 번쯤은 듣는 대표적인 투자 격언이 "쌀 때 사서 비쌀 때 팔아야 한다."입니다. 이 말은 사람들이 부동산 투자에 관심이 없는 불황기에 좋은 매물을 저렴한 가격에 사두었다가 모두가 관심을 가지는 활황기에 팔아야 한다는 것으로, 많은 투자서들이 이 명언을 과거의 시장 사례를 들어 설명하고 동기부여를 하고 있습니다.

그럼에도 불구하고 여전히 많은 사람들이 내가 사면 떨어지고 팔면 오르는 악순환에 빠지며 부동산 투자를 포기하고 있습니다. 논리적인 허점이 없는 이 완벽한 투자 방법을 우리는 왜 실천하기 어려울까요? 실천하기가 어려운 구조적인 원인에 대해 알아보도록 하겠습니다.

○ 부동산이 싼 침체기에는 내 수중에도 투자금이 없다

우선 쌀 때 사지 못하고 비쌀 때 살 수밖에 없는 원인을 먼저 알아보도록 하겠습니다. 우리가 어떤 물건을 판매해서 수익을 내려면 그만큼의 마진을 확보할 수 있는 가격에 사와야 하는 것이 이치입니다. 부동산도 마찬가지입니다. 문제는 부동산을 좋은 가격에 살수 있는 시기가 침체기임을 알고 있음에도, 아이러니하게도 그 시기에는 우리 주머니에도 투자금이 없다는 것입니다. 왜 그런지 좀 더 자세히 살펴보겠습니다.

자산 가치가 낮아지는 침체기에는 있는 현금도 지키기 바쁘다

자산 가격이 낮아지는 하락 및 침체기에는 강남도, 우리 집도, 그 옆집도 모두 매수세가 사라집니다. 점점 하락하는 가격을 보며 자산에 대한 대중의 신뢰가 떨어지고 그로 인해 부동산 구매에 나섰던 실수요와 투자자의 자금이 빠져나가기 때문입니다. 그러다 보니 이전의 상승장에서 높은 가격으로 인해 사지 못하고 눈여겨보기만 했던 집이 그토록 원하던 하락장이 도래해 내가 원하던 것 이상으로 충분히 가격이 내려갔는데 이제는 내 집이 안 팔려서 살 수가 없습니다.

"좋아! 안 팔리면 내 집을 담보로 잡아서 대출받아 사면 되겠지." 라고 생각하지만 이미 내 집은 대출이 잡혀 있어 추가 대출을 받기가 어렵습니다. 뉴스에서는 연일 대출 상환 압력에 시달리다가 살던 집이 경매로 넘어간 하우스 푸어(House Poor)의 사연을 기사화하며 현금을 확보할 것을 주문합니다. 실제로 침체장이었던 2014년도 KDI 가계 부채 위험 보고서에서는 집값이 2012년과 대비해 10% 하락할 경우 만기가 돌아오는 LTV(주택 담보 인정 비율) 규제 상한(당시 60%)을 초과하는 대출금 가운데 만기 시 원금의 일부를 상환해야 하는 대출은 28조 원에서 56조 원으로 2배로 늘어나고, 집값이 20% 하락하면 이 금액은 74조 원(2.6배)으로 급증한다고 전망했습니다.

무주택자는 어떨까요? 전세금을 포함해 그동안 모아둔 현금이 있고 대출만 조금 더 하면 이제 원하는 가격까지 내려간 저 집을 살 수 있는 때가 온 것 같습니다. 하지만 어디까지 떨어질지 모르는 집을 사는 데 이 돈을 사용했다가 집값이 계속 내려가 재매도가 안 돼서 묶이기라도 하면 하우스 푸어로 전락할 것 같아 두렵습니다. 게다가 상승기에 집 구매를 계획하고 있던 사람들이 대거 전세로 돌아선 탓에 지금 살고 있는 전셋값 오름세도 심상치가 않습니다. 뉴스에선 연일 고통스러웠던 전세 대란이 재현될 조짐이 보인다며 현금을 확보할 것을 주문합니다. 전세자금대출도 이미 이자가 부담스러운 상황이라 더 늘리기가 어려워 현금을 쥐고 있어야 마음이 편합니다.

금융 위기 후 침체기에서의 경험을 바탕으로 실수요 입장에서 하락장이 왔을 때의 상황을 통해 왜 자산 가격이 하락해도 투자에 나설 수가 없는지를 묘사해 보았습니다. 많은 사람들이 자산 가격의 거품을 이야기하며 하락장이 도래하면 자신에게도 매수 기회가 찾아올 것이라고 기대하지만, 막상 본격적인 하락장이 시작되면 그 공포 분위기로 인해 매수할 집에 대한 생각은 완전히 잊게 됩니다.

부동산 가치가 비싼 호황기에는 없던 돈도 만들게 된다

그럼 호황기 때는 어떨까요? 호황기 때는 강남도 많이 오르지만 내 집도 오르고, 마음만 먹으면 좋은 가격에 매도하기도 어렵지 않습니다. 자산 가치에 대한 신뢰가 커져 웃돈을 주더라도 매수하려는 수요가 많기 때문입니다. 갈아타려는 곳의 집만 먼저 잘 잡으면 내가 가진 집을 팔고 대출을 더 해서 잔금을 치를 수 있습니다. 정부의 부동산 억제 정책으로 LTV 한도는 줄었지만 내 집을 팔고 받은 자금을 합치면 얼추 될 것도 같습니다. 더더군다나 상승장이 길어질수록 물가 불안과 민심을 달래려는 정부의 규제가 심해져서 기회를 놓칠 수도 있기 때문에 마음이 급합니다.

무주택자는 어떨까요? 자산 가격이 올라가는 호황장이 도래하니 수많은 전문가들이 갑자기 나타나서 현금을 쥐고 있으면 손해 본다고 무조건 무엇이라도 사야 할 것처럼 이야기합니다. 회사에서는 "누가 누가 얼마를 벌었대." 하는 소리가 들려오면서 마음이 싱숭생숭해집니다. 마침 침체기 동안 모아둔 현금도 있고 뺀 전세금에 담보대출까지 더하면 내가 원하는 집까지는 아니지만 그 옆 동네는 들어갈 수 있어 보입니다. 부동산 전문가들이 이구동성으로 대장 동네가 오르면 주변도 결국 오른다고 하니 1급지가 아닌 2, 3급지라도 구매할 마음이 생깁니다. 부동산 가격이 비싸게 느껴지지만 돈을 마련하는 건 어렵지 않아 보입니다.

우리의 생각과 달리 돈은 우리가 원할 때 다가와주지 않습니다. 적은 투자금으로 부동산 투자를 시작하는 부동산 초심자는 투자금을 분산해서 투자할 수가 없기 때문에 더더욱 시기를 스스로 선택하기가 쉽지 않습니다.

◎ 호황기 때 샀다가 불황기 때 팔 수밖에 없는 이유

부동산은 호황기에도 비싸 보이지만 불황기에도 비싸 보입니다. 호황기 때는 사고 싶은 집이 내 판단보다 항상 더 오릅니다. 왜냐하면 내가 원하는 곳은 현재 살고 있는 곳보다 좋은 입지에 위치해 더 많은 수요가 모이고 가격 오름 수준이 내가 사는 곳과 다른데, 나의 바람은 내가 사는 곳만큼만 올라주었으면 하기 때문입니다.

반면에 불황기 때는 호황기 때 너무 비싸서 못 샀던 집이 마침내 사려고 마음먹었던 가격까지 하락하지만 여전히 비싸다고 생각하며 매수를 주저하게 됩니다. 호황기 때 당연하게 생각했던 자산 가격에 대한 신뢰가 무너지는 순간 떨어진 가격조차 비싸게 느껴지기 때문입니다. 떨어진 가격이 호황기 때 왔다고 가정했으면 집을 보지도 않고 구매했을 텐데, 막상 오히려 대접받으며 천천히 살펴보고 살 수 있는 때가 되었지만 공인중개소 근처에는 갈 생각도 안 합니다. 그리고 신문 기사를 뒤적이며 안도의 한숨을 쉽니다. "이렇게 떨어질 줄이야. 안 사길 다행이네."

이러한 심리적 변화에도 불구하고 어쩔 수 없이 호황기에 비싸게 주고 샀다고 가정해봅시다. 침체기를 지나 다시 호황기가 올 때까지 대략 10년 정도의 세월을 버틸 수 있다면 더 높은 가격이 되었을 때 팔 수 있습니다. 부동산 시장은 상승과 하락의 사이클을 반복하지만 큰 그림에서 보면 매년 떨어지는 돈의 가치에 비례해 마치 주가 지수가 올라가듯 자산 가격도 점진적으로 상승하기 때문입니다.

하지만 앞서 설명한 바와 같이 부동산 침체로 인해 집값이 지속해서 하락하게 되면 담보대출의 연체율이 올라가고 은행은 고위험 채권부터 회수하기 시작합니다. 만기가 짧고 담보물이 없는 신용 대출의 승인 심사가 강화되고 만기가 도래한 담보대출의 일부 회수가 진행되거나, 대출금리가 급격하게 올라가면서 대출 차환이 어려워집니다. 가능한 모든 대출을 끌어모아 주택을 구매한 사람들은 상환 압박이 심해질 수밖에 없습니다. 이 길고 긴 침체장이 지나가기를 바라는 마음으로 최대한 버텨보지만, 저 멀리 상승장의 먼동이 터올 때쯤 더 이상 버티지 못하고 손해 보고 처분합니다.

하락장을 겪어보지 않은 사람들은 이 이야기가 잘 와닿지 않을 수 있습니다. 좀 더 이해하기 쉽게 제 이야기를 보태자면, 2014년 말 지금의 실거주 집을 갈아타기 위해 5억 3천만 원에 매입할 당시 매도자의 매도 동기가 궁금해서 등기부등본을 보니 2007년에 6억 5천만 원에 매입한 기록이 있었습니다. 무려 1억 원 이상을 손해 보고

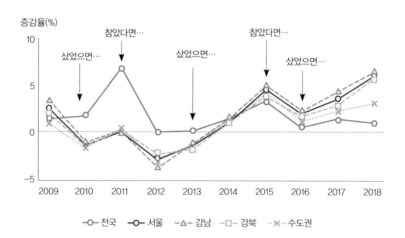

주택 매매가격 증가율 추이

자료: 한국감정원, 「전국주택 가격동향조사」

파는 것이었습니다. 이 매도자의 사정을 들어보니 이 집 전세금과 대출을 모두 끌어모아서 추가로 집을 구매했다가 대출 상환 압력에 시달리면서 어쩔 수 없이 가진 집을 처분한다는 것이었습니다. 제가 집을 매입하고 나서 2년이 되지 않아 시세는 2007년 수준으로 회복되었습니다.

한국감정원의 10년간 주택 매매가격 흐름에서 보듯이 우리의 바람은 쌀 때 사서 비쌀 때 팔아 큰 수익을 남기는 것입니다. 하지만 현실에서는 많은 사람들이 비쌀 때 사서 쌀 때 팔고 손해를 봅니다. 이런 경험을 하며 부동산에 소질이 없는 것 같다는 결론을 맺고 투자 시장에 제대로 진입해보지도 못한 채 주저앉아버립니다. 상승장을 타고 부자 한 번 되어보려고 했다가 본전도 못 찾고 말입니다.

부동산 시장이 빠르게
변화하고 있다

　은퇴를 앞두고 자산 소득을 통해 생계를 마련하고자 부동산 투자에 뛰어드는 사람들이 가장 많이 하는 실수는 무엇일까요? 시장이 빠르게 변화하고 있음에도 제대로 시장 조사를 하지 않고 덥석 투자했다가 사회 트렌드에 의해 생긴 수요의 공백으로 엄청난 손해를 보고, 차입금을 처리하지 못해 투자한 부동산을 헐값에 다시 매도하거나 경매 처리 당하는 것입니다. 이러한 실수를 반복하지 않으려면 부동산 투자자는 사회의 다양한 현상에 관심을 갖고 이를 통해 부동산 시장의 변화를 예상할 줄 알아야 합니다. 특히 부동산 시장의 양극화와 사회 구성원이 나누는 경제의 파이가 점점 쪼그라

들고 있는 현상, 그리고 세계화와 인구구조에 따른 수요의 역습은 투자자에게 기존과 다른 새로운 문법으로 부동산 시장을 바라볼 것을 요구하고 있습니다.

○ 질적인 시장으로의 변화와 부동산 양극화

2010년대 이후에 부동산 시장, 특히 아파트 시장은 양적인 시장에서 질적인 시장으로 변화하고 있습니다. 특히 전국의 주택 보급률이 100%를 넘어서고 서울의 주택 보급률이 95%를 넘어서면서, 단순히 집을 구하던 시절에서 벗어나 더욱 살기 좋은 집을 선호하는 경향이 두드러지기 시작했습니다. 이는 점점 떨어지는 출산율과 맞물려 부동산 시장의 양극화를 불러일으키는 주요 원인이 되고 있습니다.

국민건강보험공단에서 2006년부터 2015년까지 10년간의 임신·분만 경향을 분석 발표한 내용을 봅시다. 우리나라 전체 가구(가족)의 소득 수준에 따라 20%씩 나눈 단계별 소득의 평균인 소득 1분위부터 5분위의 출산율 추이가 서로 다른 양상을 보입니다. 한 명 이하를 낳는 비중이 많은 4~5분위의 합계 출산율은 계속해서 높아지고 있는 반면에, 두 명 이상 낳는 비율이 더 많은 1~2분위의 합계 출산율은 계속해서 낮아지고 있습니다.

전체 출산 중 각 소득 분위가 차지하는 비율

고소득층 ←——————————————→ 저소득층

2006	5분위	4분위	3분위	2분위	1분위
2010	5분위	4분위	3분위	2분위	1분위
2015	5분위	4분위	3분위	2분위	1분위

0 10 20 30 40 50 60 70 80 90 100

자료: 국민건강보험공단

　이러한 현상은 양육비 증가와 육아 안전망 부족으로 인해 출산을 꺼리는 사회 분위기, 맞벌이 부부나 비혼 남녀의 증가 등이 주요 원인이지만 다른 이유도 있습니다. 부와 신분의 대물림이 고착되고 계층 이동 사다리가 차단되는 것을 체감한 저소득층에서 출산과 양육에 대한 의지가 사라져가고 있는 반면, 고소득층은 계층 유지를 위해 부와 신분의 대물림이 더욱 중요해지고 있다고 보고 출산을 늘리고 있는 것으로도 해석할 수 있습니다. 이러한 소득 분위별 인식의 변화는 부동산 시장의 양극화를 불러오는 요인이 됩니다.

　소득 상위 그룹인 4~5분위가 선호하는 지역은 증가한 출산율로 인해 다음 세대가 지속해서 거주 수요를 만들어냅니다. 거주 조건에 대한 그들의 눈높이는 여행, 유학, 취업 등 다양한 해외 거주 경험을 통해 점점 섬세해지며, 이에 비례해 그들을 만족시키기 위한 지역 인프라와 주택 시공 기술은 점점 발전합니다. 그리고 부와 신분의 대물림, 더 나은 교육과 직업을 통해 유입된 풍부한 자금이 몰리며 그들이 선호하는 부동산의 가격은 올라가고 진입 장벽은 점점 높아집니다. 그 결과 이들이 선호하는 지역 부동산은 상권, 교육, 인프라, 주택 상품에서 완전한 질적인 시장으로 변화해 전국적인 워너비(Wanna-be) 수요를 만들고 대단한 시세 상승을 이끌어내게 됩니다.

반대로 소득 하위인 1~2분위 집단의 거주 지역은 출산율이 줄어들면서 기반 시설의 발전도 더디어집니다. 이들이 거주하는 지역은 아파트보다 다세대나 다가구 주택이 월등히 많기 때문에 그 자체로는 부동산의 가치 상승이 쉽지 않습니다. 하지만 이 지역에는 질적으로 드라마틱한 변화와 시세 상승을 이끌어낼 수 있는 재개발이라는 한 방이 있습니다. 정부 차원에서도 이들을 위한 주거 안정과 지역 균형 발전 차원에서 주택 재개발이나 가로주택 정비사업 등을 적극적으로 지원하고 있습니다.

이렇게 질적인 시장으로의 변화 측면에서 보면, 상위 4~5분위와 하위 1~2분위는 계기는 서로 다르지만 모두 변화의 기회를 얻게 됩니다. 정작 양극화로 인한 폐해는 3분위 중위 집단이 거주하는 곳에서 나타납니다.

소득 3분위는 상위 집단인 4~5분위로 갈 수 있는 사다리는 점점 사라지는 상황에서 생활의 팍팍함은 늘어가고 정부 지원은 특별하지 않은 계층입니다. 자가 거주자도 있지만 전·월세의 비중이 더 많은 계층으로, 사는 곳은 도심에서 대중교통으로 약 1시간 이상 떨어진 곳입니다. 근린 상권은 활발하지만 구매력이 높지 않으며, 4~5분위 거주 지역에 위치한 백화점과 학원가를 이용할 수 있는 거리에 주로 위치해 있기 때문에 프리미엄 상권이나 학군이 형성되지 않습니다.

오히려 1~2분위 주거지라면 정부 차원의 마을 재생사업지로 선정되어 정비되거나 입지가 좋으면 재개발을 통해 극적인 가치 상승을 이루겠지만, 3분위 거주 지역은 높은 용적률과 낮은 평단가의 중소형 아파트가 많아 사업성 측면에서 매력적이지 않습니다. 심한 경우 재건축이나 리모델링되지 못한 채 낡고 오래되어 점점 슬럼화되기도 합니다. 우리는 이미 지방 중소도시와 수도권 외곽 소규모 아파트 단지 등에서 그러한 현상을 목도하고 있습니다.

주목할 것은 시대에 따라 특정 지역에 사는 소득 분위가 바뀐다는 점입니다. 지어질 당시에는 같은 4분위 거주지로 시작했던 신도시들이 교통망과 일자리 공급의 변화로 인해, 20년 후 어떤 곳은 5분위 거주 지역으로 바뀐 반면, 다른 곳은 3분위 거주 지역으로 되기도 합니다. 혹은 몇십 년 동안 1~2분위의 대표적인 거주 지역이었던 곳이 대규모 뉴타운 사업 등을 통해 개발돼서 4~5분위 거주 지역으로 바뀌어 시세 상승을 만들어냅니다.

우리 세대 그리고 다음 세대로 넘어갈수록 질적인 양극화는 가속화되고 선택의 폭은 좁아집니다. 지금 가격적으로 접근할 수 있을 때 미래의 4~5분위가 될 만한 지역을 눈여겨보고 선점해두어야 합니다. 이것이 소위 전문가들이 말하는 '양적인 시장에서 질적인 시장으로 간다'는 말의 진실입니다.

○ 점점 쪼그라드는 사회

홍성국 저자의 저서 『수축사회』에서 처음 언급한 '수축사회'는 그야말로 경제적 파이가 정체되거나 줄어들기 시작한 제로섬 사회를 말합니다. 인류는 팽창사회와 수축사회를 번갈아가며 번영해왔습니다. 팽창사회는 경제적 파이를 키워 부의 편중에도 불구하고 누구나 일정 몫을 가져가는 사회라면, 수축사회는 반대로 파이 크기가 그대로거나 줄어들기 시작하면서 생존을 위해 서로 뺏기지 않고 갈취하려는 제로섬 게임으로 들어가는 사회를 말합니다. 팽창에서 수축, 그리고 다시 팽창 사회로 넘어가는 과정에서 인류는 기아나 전쟁, 대공황 같은 변곡점을 지나왔습니다.

인류는 현재에 이르기까지 르네상스, 산업혁명, 인터넷 혁명을 거쳐 인류의 증가 속도를 넘어서는 생산과 소비의 혁신을 통해 사회 구석구석 경제적 파이를 키워왔습니다. 하지만 세계화와 시장자본주의는 특정 국가, 특정 계층으로의 부의 쏠림 현상을 만들었습니다. 생산수단을 점유한 소수의 그룹과 생산수단의 소멸로 존재 자체를 위협 당하는 다수의 그룹 사이에는 살아남기 위한 갈등이 증폭되고 있습니다. 이제 모두가 어느 정도 부를 얻어 인간성과 품위를 유지하던 팽창사회가 서서히 막을 내렸습니다. 노동력 기반 산업의 소멸과 부의 양극화로 인해 다수의 생존이 위협받게 되어 생존을 위한 극심한 갈등만이 유발되는 수축사회가 도래한 것입니다.

사회적으로, 경제적으로 한국은 이미 수축사회로 진입하고 있습니다. 우리 사회의 양극화로 인한 경제권의 쏠림과 파이 지키기 갈등은 몇 가지 양상으로 나타나고 있습니다.

#1 　　　바이오, 반도체, 디스플레이 등 4차 산업 기반 제품의 생산 기지는 인천공항과 연계된 남부벨트를 따라 수도권에 집중되면서 경기도의 일자리와 인구는 계속 증가하는 반면, 그 외 지역은 소멸을 걱정해야 할 정도로 인구가 지속해서 줄고 있다. 수도권의 일자리 및 인구 증가는 지역 부동산 가격 상승에 영향을 주고 있지만, 그 안에서도 일자리가 집중된 몇 군데 지역으로 부동산 가격 상승이 집중되고 있다.

#2 　　　노동인구의 1% 미만을 차지하는 오너 및 대기업 종사자가 전체 부의 40%를 차지하고 있다. 몇몇 대기업 노조가 귀족 노조 비판에도 파업을 하고 갈등을 일으키는 것은 세계화, 디지털화, AI 산

업화와 구성원의 다수를 이루는 3차 산업의 쇠퇴에 따라 줄어드는 그들의 사회적 영향력에 대한 반작용적 생존 본능의 발현이다.

#3   아파트 트렌드가 바뀌고 있다. 외곽 벽 및 대규모 게이트와 전문 경호 인력 설치, 거주민을 위한 단지 내 문화·상업 시설 확대를 통해 단지 내에서 모든 것을 해결할 수 있도록 하는 방향으로 가는 중이다. 외부 커뮤니티와의 단절을 통해 사회적·경제적 수준이 비슷한 입주민만의 공동체를 강화하고 외부의 경제적 하위 구성원과의 갈등 요인을 물리적으로 차단하려는 수축사회의 모습이다.

#4   최근 강남 등 주요 지역 부동산 자산이 매매 대신 증여나 상속되는 이유는 세금 문제도 있지만, 자산 대물림을 통한 경제적·신분사회적 소속감을 물려주기 위함도 있다.

#5   소소하지만 확실한 나만의 행복, 이른바 소확행이 확산되는 기저에는 수축사회로 인해 한정된 자원을 놓고 벌이는 생존경쟁과 수저론과 같은 경제적 계급화에 지친 대중 사이의 경제적·사회적 성장에 대한 희망 소멸과 그로 인한 경쟁 회피 심리가 깔려 있다.

이처럼 수축사회는 한국 사회의 변화를 만들어내고 있고, 이에 따라 줄어드는 자신의 몫을 지키기 위해서 많은 사람들이 투자에 뛰어들고 있습니다. 하지만 경제적 파이가 줄어드는 수축사회에서의 투자 실패는 기회비용 손실을 넘어 생존에 위협을 받는 상황으로 투자자를 내몰고 있습니다.

● 수요의 역습, 수요가 근본적으로 변하고 있다

애플 아이폰을 만든 스티브 잡스처럼 세상에 없던 새로운 것으로 새로운 수요를 만들어내는 혁신가의 이야기를 제외하면 대부분의 경제 현상은 수요가 있는 곳에 공급이 따라옵니다. 오래되고 꾸준한 수요와 공급은 사이클이라는 관성적인 흐름을 만들기도 합니다. 경기변동은 우리가 흔히 알고 있는 10년 주기로 하는 주글라 사이클이나 17년 주기로 반복하는 한센 사이클이라는 오래된 법칙을 만들어낼 정도로 일정한 흐름이 있습니다. 하지만 고착화되는 저금리 기조와 인구의 감소, 산업의 변화는 오랜 기간 우리의 신뢰를 저버리지 않던 수요의 역습을 불러오고 있습니다.

최종 보스도 굶어 죽는 수요의 고갈

교육부 자료에 따르면 2013년부터 2019년까지 대학 입학생이 무려 5만 명 이상 줄어들면서 등록금 감소 및 재정 악화라는 문제를 일으키고 있습니다. 그러다 보니 많은 대학에서 줄어드는 등록금을 다른 사업으로 충당하기 위해 대학 내에 프랜차이즈, 기업형 구내식당, 기숙사를 늘리면서 대학가 주변의 임대 및 상권에 타격을 주고 있습니다. 신촌, 홍대 등 서울 도심과 가까운 역세권 지역은 이탈하는 대학생 수요를 다른 수요로 채우기 위해 변화하고 있지만, 그렇지 않은 곳은 쉽사리 답을 찾기 어려운 상황입니다.

세계화와 모바일이 만들어내는 수요의 역습

한국은 금융 위기 이후 내수 경기가 침체되는 상황이 지속되고 있습니다. 특히 2019년 1분기에는 금융 위기를 겪었던 2008년 4분기 이후 가장 낮은 수준의 마이너스 성장을 기록하면서 충격을 안겨주었습니다. 정부는 내수 활성화를 위해 노인기초연금과 청년수당과 같은 복지 정책을 도입하고 최저임금 인상과 재정 적자 정책을 통해 수요를 일으킬 수 있는 유동성 공급을 확대하고 있습니다. 하지만 사람들의 변화된 라이프 스타일은 내수에 돈을 쓰는 것을 꺼리도록 만들고 있습니다. 예를 들면 이렇습니다.

#1　　　저녁 있는 삶을 위한 퇴근 문화의 변화와 회식 문화의 퇴조는 저녁 약속에 돈을 쓰기보단 집에 가거나 취미나 학습 활동에 시간을 사용하는 풍조를 만들고 있다. 유튜브와 개인 방송의 증가는 취미와 학습 활동마저 학원 가서 배울 필요성을 줄였다.

#2　　　야놀자(www.yanolja.com)로 대변되는 방 놀이 문화는 대부분의 연인 혹은 친구 들과의 놀이 공간을 번화가에서 모텔이나 레지던스형 호텔로 바꿔놓았다. 이에 따라 배달 가능 업종은 배달 대행 서비스와 맞물려 빠르게 증가하고 있다.

#3　　　술자리 문화도 다수에서 2~4인의 소수 중심으로 바뀌고 있다. 요즘 술집에 가보면 4인 테이블도 잘 없고 2인 테이블이 주를 이루고 있다. 모바일 메신저나 SNS로 통한 Always-on(실시간 네트워

크 접속)은 오프라인에서 만나지 않더라도 만난 것 같은 착시를 일으켜 만남 횟수를 더욱 줄인다.

#4   해외여행이 보편화하고 해외 쇼핑몰의 온라인 구매가 활성화되면서 개인이 선택할 수 있는 상품의 가짓수가 늘어나고 조달비용이 줄어들었다. 그러면서 특별한 경험을 선사하지 않는다면 선택을 받지 못할 확률이 늘어나고 있다. 이러한 현상은 역으로 한국에 있는 베트남 음식점을 가느니 차라리 돈을 좀 더 모아 베트남을 가서 경험하는 것과 같은 오리지널리티(Originality), 즉 진짜에 대한 수요를 강화하고 있다. 보편화하고 있는 외국에서 한 달 살기도 맛보기 여행에서 벗어나 현지의 진짜 생활(Real Life)을 경험하려는 수요에 기인한다.

이렇듯 부동산 시장은 양적인 시장에서 질적인 시장으로, 팽창사회에서 수축사회로, 그리고 수요의 근본적인 변화를 통해 빠르게 변화하고 있습니다. 이러한 시장의 변화에 대한 최소한의 준비가 없이 시작하는 부동산 투자는 성공하기 어려우며 그동안 어렵게 모은 종잣돈만 날리는 결과를 초래하게 됩니다.

지금까지 부동산을 처음 시작하는 초보자의 시각에서 왜 부동산 투자를 시작하기가 어려운지, 종잣돈부터 강의, 투자 기회, 매수와 매도, 시장의 변화 측면에서 살펴봤습니다. 많은 사람들이 주변 사람들의 성공담이나 부자가 될 수 있다는 기대에 부동산 투자를 시작하지만, 막상 현실에서는 다양한 문제에 부딪히거나 그들의 종잣돈을 노리는 세력의 먹이가 된 후 좌절하고 시장에서 이탈하는 경우가 많습니다. 혹은 행여나 종잣돈을 날리지 않을까 하는 두려움에 실전 투자를 망설이고 공부만 하는 사람도 있습니다.

1장에서 투자를 시작하기가 어려운 이유를 분석하고 초심자의 실패나 망설임의 이유를 복기해보았습니다. 이제 홀홀 털어버렸으니 다시 일어나 앞으로 나아가기 위한 준비는 끝났습니다. 지피지기면 백전백승이라는 말처럼 이제 2장을 통해 나아가기 위한 방법을 모색해보도록 하겠습니다.

부동산 투자를
망설이시는 분들에게

요즘 필자의 멘토를 만나면 하는 여러 이야기 중 한 가지가 "언제 회사에서 퇴직할 것인가?"입니다. 멘토는 경제적 자유를 일찌감치 이루었고 회사에서 좋은 커리어를 쌓고 곧 명예퇴직을 앞두고 있는 분이라 퇴직을 체감하고 어떻게 인생을 즐길 수 있을지를 고민하고 있지만, 저는 아직 회사에서 경력을 쌓고 있는 입장이고 명예퇴직 대상자가 아니다 보니 퇴직에 대해서는 깊게 생각해본 적은 없습니다. 한번은 멘토에게 "남들도 우리처럼 은퇴 시점을 계산해서 자산을 좀 모아놨겠지?"라는 질문을 받았는데 처음에 "당연하겠죠!"라고 답했던 저는 통계자료를 찾아보고 나서 적잖이 놀랐습니다.

보험연구원이 코리아리서치에 의뢰해 전국 성인남녀 2,440명을 대상으로 한 설문조사에 따르면 '경제적으로 노후를 준비하고 있지 않다'라는 응답자가 전체의 45.9%로 나타났습니다. 노후를 준비하지 못하는 이유로는 '교육비·의료비 등 시급하게 돈 쓸 곳이 많기

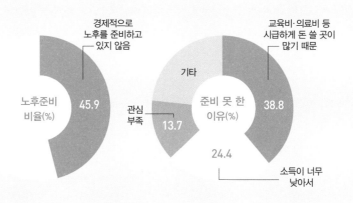

노후 준비 관련 응답

경제적으로
노후를 준비하고
있지 않음

교육비·의료비 등
시급하게 돈 쓸 곳이
많기 때문

노후준비
비율(%)

45.9

기타

준비 못 한
이유(%)

관심
부족

13.7

38.8

24.4

소득이 너무
낮아서

자료: 보험연구원

때문'이라는 응답이 38.8%로 가장 많이 꼽혔습니다.

회사에 입사한 지 15년 차가 넘어가면서부터 직장인은 임원으로 승진하거나, 경쟁에서 낙오돼서 낙심 끝에 이직이나 퇴직을 하거나, 아니면 일찌감치 경쟁에서 이탈해서 정년을 바라보고 조용히 회사에 다니는 유형으로 갈립니다. 어떤 선택을 하든 대부분은 끊임없이 세대 교체를 원하는 기업의 특성상 40대 후반, 보통 50대 중반 정도가 되면 명예퇴직 제안을 받습니다. 하지만 대상자 중 대부분은 아직 자신의 차례는 멀었다고 생각하는 경향이 강합니다. 왜냐하면 본인은 능력을 인정받기 때문에 오래 다닐 수 있다고 과신하기 때문입니다. 하물며 아무리 짧게 잡아도 10년은 더 다닐 수 있을 것 같은 3040 직장인에게는 명예퇴직은 남의 일처럼 느껴집니다.

"설마~ 내가 옆에 있는 김 부장보다 먼저 잘려나가겠어? 아직 10년 이상 남았는데, 노후 준비는 천천히 하면 되지. 돈 들어갈 데도 많은데 부동산 투자는 무슨. 아직은 오래 다닐 수 있으니 있다 보면 기회가 오겠지."

문제는 여기서 시작됩니다. 명예퇴직 연령인 50대 이후에도 가계를 유지하고 안정적인 삶을 영위하기 위해선 근로소득만으로는 부족할 수 있습니다. 직장 생활을 하는 동안 미리미리 자산을 통한 소득 기반을 만들어놔야 합니다. 그런데 이를 알고도 절실함이 부족하다 보니 많은 사람들이 부동산 공부를 시작해도 얼마 못 가 멈추는 경우가 많습니다. 생업이 바쁘고 회사 생활이 안정적이라는 핑계로 스스로 면죄부를 주면서 말입니다.

그나마 위기감이 있는 사람들은 은퇴 강의를 찾아보지만 대부분 보험이나 연금펀드에 관한 설명이다 보니 이 또한 금방 관심이 시들해집니다. 자산 설계사가 자산 포트폴리오를 짜라고 강조하지만 내 자산이라 해봐야 은행예금과 용돈 벌이를 위해 굴리는 주식 계좌, 연금보험, 실거주하는 집 혹은 전세금이 전부라, 포트폴리오를 짤 것도 없어 보입니다. 회사만 잘 다니면 안정적인 생활이 가능한데 굳이 무리해가며 투자에 뛰어들었다가 잘못될까 걱정이 됩니다. 며칠 고민해보지만 투자를 하지 않아도 달라지는 건 없으니 이내 "설마, 무슨 일이 일어나겠어?" 하며 다시 살던 대로 삽니다.

안타깝게도 우리가 일상의 편안함에 묻혀 둔감해 있는 동안 미래의 사건은 '설마' 하고 예상한 시기보다 빨리 다가오고, 어느 날 갑자기 우리는 '설마'의 역습을 맞이하게 됩니다. 갑자기 나가라는 통보를 받거나 회사나 부서가 매각을 당하거나, 어느 날 내가 가진 기술을 찾는 회사가 더 이상 없는 것을 깨달으면서 '설마'가 주는 안위를 믿고 미리 자산 소득을 만들지 못한 내 자신을 책망하게 됩니다. 부랴부랴 내가 가입했다고 여긴 각종 연금과 보험 들을 찾아보지만 이미 자신도 모르게 해약했던 걸 이제야 깨닫습니다. 그리고 때가 돼서 퇴직금을 받아들고 나서지만, 씀씀이대로 살다 보니 딱 3개월이 지나면서 바닥나기 시작합니다.

급한 마음에 살던 집을 담보로 대출을 받아 상가에 투자해보지만, 부동산 투자의 초보자인 나는 금세 먹이를 노리는 시장의 하이에나들에게 걸려 비싸게 샀다가 공실에 버티지 못하고 경매 처분 당합니다. 최저임금 자리라도 알아보지만 이 역시 경쟁이 치열합니다. 이 모든 결과가 단 하나의 단어 '설마'에서 시작된 나비 효과입니다.

부동산 시장이 디지털화하고 트렌드가 빨라지면서 무수히 많은 기우와 구조적 모순들이 부동산 투자를 두려워하고 주저하게 만들고 있습니다. 그러는 사이 시장에 먼저 진입한 투자자들은 기우를 기회로 바꾸어 경제적 자유를 이룰 방법을 모색하고 있습니다. 다행히도 4차 산업 혁명이라는 거대한 산업의 변화가 이제 막 새로운 부동산 투자의 기회를 만들어내고 있습니다. 이 글을 읽고 있는 여러분들도 아직 늦지 않았습니다. 시장의 기우와 소음에 흔들리지 않고 꾸준히 투자할 준비가 되어 있다면 은퇴를 두려워하지 않는 행복한 부자가 될 가능성은 여전히 열려 있습니다.

　망설임을 멈추고 시작하는 게 중요합니다. 이 책에서 그 방법을 알려드릴 것입니다.

PART 2

부자 되기 1단계,
시황에 흔들리지 않는
내 집 투자

경력, 시간을 버는
종잣돈 마련 방법 1

1장에서 월급으로 종잣돈 모으기가 쉽지 않다는 점을 말씀드렸습니다. 소비를 넘어 잉여가 남지 않도록 주는 월급과 상대적으로 늘어나는 고정비들, 지출을 줄여 만든 잉여금으로 가입한 금융 상품의 이면 등 우리의 의지를 초반부터 꺾는 다양한 장애물이 있습니다. 하지만 부동산 투자를 하기 위해서 종잣돈 마련은 꼭 선행되어야 할 필수 조건입니다. 특히 부모님 도움을 받기가 어려운 분들에게는 자신의 능력을 통한 종잣돈 마련이 더욱 절실합니다.

그렇다면 부동산 투자를 시작하기 위해선 어느 정도의 종잣돈이 필요할까요? 그에 대한 답은 투자에 어떻게 접근하는가에 따라서 달라집니다. 무엇에 투자하는가에 따라 단돈 몇백만 원으로 시작할 수도 있지만 수억 원을 가지고도 시작하기 어려울 수 있는 게 부동산 투자이기 때문입니다. 여기서는 부동산 투자를 위한 종잣돈의 기준으로 많이 언급되는 1억 원으로 이야기를 풀어보겠습니다.

⊙ 단시간 내에 종잣돈을 마련해야 하는 이유

2019년 발표한 통계청 자료에 따르면 성별·연령대별 임금 근로자의 월평균 임금은 남자의 경우 세전 337만 원, 여자의 경우 213만 원입니다. 맞벌이의 경우 단순 합산해 520만 원의 월평균 임금을 받는다고 가정해봅시다. 세금 15%를 뗀 실수령액 442만 원, 이 중 고정비를 제외한 약 23%의 오락 및 여가성 지출 비용 전액인 101만 원을 매월 한 푼도 쓰지 않고 모을 때 1억 원을 모으는 데 걸리는 시간은 약 8.2년입니다. 이 8.2년이라는 시간은 돈의 가치 측면에서 봤을 때 결코 무시할 수 있는 시간이 아닙니다.

한국은행 통계자료에 따르면 본원통화 및 M1, M2를 합한 총통화량(LF)의 증가율은 2010년부터 2018년까지 연평균 7.3%씩 늘어왔습니다. 이는 매년 증가율만큼 돈의 가치가 떨어진다는 것을 의미합니다. 이를 우리가 설정한 1억 원에 대입해보면 지금의 1억 원은 8.2년 후에는 약 6천만 원 정도 가치로 여겨지게 됩니다. 우리는

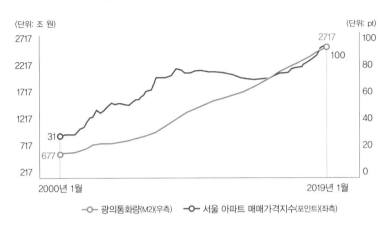

광의 통화량(M2)과 서울 아파트 매매가격지수 추이

(단위: 조 원)   (단위: pt)

2717   100

2217   80

1717   60

1217   40

717   20

217   0

31

677

2000년 1월   2019년 1월

—○— 광의통화량(M2)(우측)   —●— 서울 아파트 매매가격지수(포인트)(좌측)

자료: 한국은행, KB국민은행

통화량 증가에 따른 돈의 가치 하락이 얼마나 무서운 것인지 짐바브웨나 베네수엘라의 사례에서 극명하게 알 수 있습니다.

한국 경제는 선진화된 정치와 경제 시스템을 갖추고 있으므로 짐바브웨나 베네수엘라와 같이 통화량의 급격한 증가로 인한 초인플레이션, 즉 돈의 급격한 가치 하락이 일어날 가능성은 제로에 가깝습니다. 다만 경제가 성장하는 세계의 모든 나라들처럼 경제 규모가 커짐에 따라 그에 걸맞은 경제순환을 만들어내기 위해 매년 통화량을 늘릴 수밖에 없습니다. 그렇기 때문에 돈으로 자산을 사들인 후 매년 떨어지는 돈의 가치에 비례해 오르는 자산을 매도해 시세차익을 얻는 부동산 투자에서는 종잣돈의 크기만큼 종잣돈을 만드는 데 드는 시간을 줄이는 것 역시 매우 중요합니다.

◉ 경력은 최고의 종잣돈 마련 수단

매월 나오는 월급 일부를 차곡차곡 모으는 방법만으로 빠른 시간 안에 부동산 투자에 적합한 종잣돈을 만들어내기에는 현실적인 어려움이 따릅니다. 돈을 모으는 동시에 천만 원 단위의 돈을 일시에 만들어낼 방법도 같이 모색해봐야 합니다. 무엇이 있을까요? 직업적으로 전성기에 있는 3040 세대들에게는 경력 자체가 최고의 종잣돈 마련 수단이 될 수 있습니다.

커리어 플래닛(careerplanet.co.kr)의 연령대별 헤드헌팅 채용공고 수 분포 자료에 따르면 한국노동연구원이 추산하고 있는 대졸자가 입사하는 나이인 26~27세를 기준으로, 30대 초반부터 40대 중반을 원하는 채용공고 수는 전체의 99%를 차지하고 있습니다. 이 말은 다시 말하면, 직장인의 커리어 전반에 걸쳐서 3040 시기가 가장 몸값이 올라가고 이직을 하기 쉽다는 이야기입니다. 자신의 노동 가치를 어떻게 포장하고 홍보하는가에 따라 근로소득을 높일 수 있는 가장 좋은 시기라고 할 수 있습니다.

퇴직금은 종잣돈 마련을 위한 현실적 대안

이직 시장의 구인 수요가 충분히 있어 자발적 퇴사가 가능한 점은 부동산 투자를 위한 종잣돈 마련에 상당한 이점이 됩니다. 이직하는 과정에서 퇴직금 중간 정산을 받을 수 있기 때문입니다. 퇴직

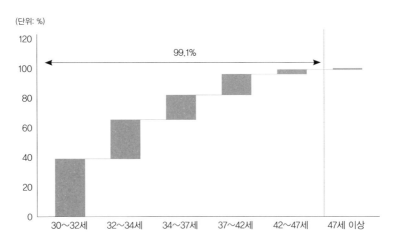

(단위: %)

99.1%

자료: 커리어 플래닛

금은 문자 그대로 정해진 근로를 그만두었을 때 사용자로부터 받는 급여로서 국내법에서는 「근로자퇴직급여 보장법」으로 이를 보장하고 있습니다.

퇴직금은 통상 1년간 재직한 이후부터 받을 수 있고 퇴사 직전 3개월 급여 평균에 재직 기간을 365일로 나눈 값을 곱해 지급됩니다. 고용부에 나와 있는 퇴직금 계산 방식에 따르면, 연봉 5천만 원(상여금 500만 원, 기본금 300만 원, 기타수당 75만 원, 연차수당 제외)의 근로자가 3년간 근무하고 퇴사했을 때 받을 수 있는 금액은 약 1,223만 원 정도입니다. 이 금액은 같은 근로자가 매월 실수령액의 변동비 23%를 모두 저축한다고 가정할 시 이자를 포함해 매월 약 69만 원씩 18개월, 즉 1년 6개월을 기본적인 의식주만 유지하며 모아야 가능한 돈입니다. 만약 월 급여를 통한 저축과 동시에 이직을 통한 퇴직금 정산을 할 수 있다면 부동산 투자를 위한 종잣돈 마련에 18개월의 시간을 버는 셈이 되는 것입니다. 더 나은 근무 환경과 연봉 상승, 경력 개발은 종잣돈 마련과 함께 얻게 되는 전리품입니다.

필자 역시 30대의 10년 동안 4번의 이직을 통해 경력 개발 및 종잣돈 마련을 할 수 있었습니다. 그 결과 처음 입사했을 때 1,800만 원이었던 연봉은 억대 연봉에 이르렀습니다. 또 퇴직금 중간 정산과 회사 사정으로 진행된 2번의 명예퇴직 프로그램을 통해 시의적절한 시기에 부동산 투자를 위한 상당한 금액의 종잣돈을 마련할 수 있었습니다.

물론 이직을 하는 과정은 투자와는 또 다른 노력이 요구되고 명확한 목표와 도전 의식이 필요합니다. 30대부터 40대 중반까지는 그만큼 사회의 수요가 있고 결실을 볼 수 있으므로 퇴직금이 종잣돈 마련을 위한 현실적 대안이 될 수 있습니다.

다만 지나치게 잦은 이직은 인사 담당자에게 부정적인 인식을 심어줄 수 있기 때문에 적절히 관리해야 합니다. 취업포털 커리어에서 기업 인사 담당자 323명을 대상으로 조사한 바에 따르면, 경력직 채용 시 가장 적절한 이직 횟수로 2~3회를 가장 많이 꼽았습니다. 그러니 경력의 발전과 투자를 위한 종잣돈, 가정의 안정 등 여러 가지 요건을 고려해서 도전해보는 것도 좋다고 봅니다.

퇴직연금은 기회비용의 손실일 수 있다

부동산 투자를 위한 종잣돈으로써 퇴직금의 유용성에 대해 말씀드렸지만, 대다수 직장인들은 퇴직금을 여전히 직장 생활 이후의 노후를 책임져줄 자금으로 생각합니다. 더불어 일시 지급인 퇴직금과 별도로 기업이 노동자에게 줘야 할 퇴직금을 미리 떼어 금융회사에 맡겨 운용하도록 하고 노동자가 퇴직한 후에 이를 매달 연금 형태로 돌려받게 한 퇴직연금 제도도 같이 운용되고 있습니다.

여기에 발을 맞춰 정부는 직장인의 노후 자산 형성을 지원하고자 「근로자퇴직급여 보장법」 개정을 통해 퇴직금 제도를 없애고 퇴직연금 가입을 의무화하기로 추진하고, 퇴직연금을 퇴직금처럼 일시금으로 받지 않고 국민연금과 같이 장기간에 걸쳐 나눠 수령하면 세금을 깎아주는 고령 인구 증가 대응 방안을 발표했습니다. 정부에 따르면 2026년까지 기업 규모별로 퇴직금 제도를 퇴직연금으로 전환하고, 퇴직연금을 목돈으로 받아 한 번에 쓰기보다 국민연금처럼 쪼개 쓰는 퇴직자를 늘리기 위해 퇴직연금을 10년 넘게 나눠 받는 경우 연금소득세율을 퇴직소득세의 70%에서 60%로 낮추는 방안을 논의하고 있습니다.

이러한 국민의 노후 안정을 위한 정부의 노력으로 퇴직연금 적립 규모는 2019년 기준 200조 원을 넘었습니다. 하지만 안타깝게도 개인형 퇴직연금의 1년 평균 수익률은 1.30%에 그치고 있습니다. 물가상승률과 수수료를 제하면 사실상 수익률이 마이너스라는

(단위: %)

금융사	확정기여형(DC)		개인형 IRP	
	원리금 보장	비보장	원리금 보장	비보장
신한은행	1.85	1.45	1.42	2.87
KB국민은행	1.83	−0.23	1.45	−0.40
우리은행	1.79	−0.45	1.35	0.47
KEB하나은행	1.82	−0.49	1.44	1.23
NH농협은행	1.79	−1.90	1.40	−0.89
IBK기업은행	1.80	−1.03	1.39	−0.71

※2019년 9월 말 기준   자료: 전국은행연합회

점에서 문제가 심각하다고 할 수 있습니다.

만약 3040 세대가 정년퇴직까지 퇴직연금을 유지한다고 가정할 시 실질 수익률이 제로에 가까운 상황에서 유지하는 동안 일어나는 돈의 가치 하락까지 고려하면 은퇴 후 받을 돈은 은퇴 생활을 감당하기에는 현저히 부족할 것입니다. 은퇴를 곧 앞두고 있고 은퇴 이후의 생활 자금이 필요한 5060 세대들에게는 퇴직연금 제도가 유용할 수 있습니다. 하지만 노동 가치를 극대화해 빠른 시간 안에 종잣돈을 마련하고 자산 가치를 늘려 노후를 위한 자본 수익을 만들 필요가 있는 3040 세대에게는 오히려 기회비용의 손실일 수 있습니다.

제도, 시간을 버는
종잣돈 마련 방법 2

경력과 더불어 자신이 다니는 회사와 정부 지원도 종잣돈 마련에 드는 시간과 기회비용을 줄일 수 있는 좋은 수단입니다. 최근 근로자를 우대하는 정부 정책과 사회의 분위기에 발맞춰 많은 기업에서 복지 차원에서 다양한 금융 서비스를 지원하고 있습니다.

○ 회사를 통한 종잣돈 마련 방법

군이 이직하지 않더라도 퇴직금 중간 정산을 받아 안정적으로 직장을 다니면서도 종잣돈을 마련할 방법은 없을까요? 정부에서는 무분별한 퇴직금 중간 정산을 없애기 위해 퇴직금 중간 정산을 원칙적으로 허용하지 않고 있지만, 「근로자퇴직급여 보장법」 시행령 제3조에 명시한 몇 가지 사유에 대해서는 예외를 허용하고 있습니다.

1. 근로자 본인 및 배우자, 부양가족에게 질병이나 부상이 발생해 장기 요양이 필요해 근로자 본인 부담이 발생할 때로서 치료 및 요양 기간이 6개월 이상이어야 하고, 부담해야 할 비용이 연 급여 총액의 12.5%를 넘어야 함

2. 임금피크제 또는 시간 단축 등으로 근로 조건이 변경되어 월 소득의 감소로 인해 발생하는 소득 공백을 퇴직급여로 대체할 수 있음

3. 집이 없는 근로자가 본인 명의로 주택을 구입하거나 전세금 및 보증금을 내는 경우. 단, 한 회사에 근무하는 동안 1회에 한함

4. 근로자 본인이 개인 채무를 감당하지 못해 파산선고를 받거나 개인회생 절차를 밟는 과정으로 중간 정산을 받은 날로부터 5년 이내에 시작한 경우. 면책이나 복권 결정 시 불가

5. 천재지변으로 인한 재산이나 본인, 부양 가족이 직접적인 피해를 봤을 경우

정부의 기본 취지가 중간 정산을 허용하지 않는 것이다 보니, 대부분의 조항은 퇴직금 중간 정산을 받을 현실적인 가능성은 없어 보입니다. 하지만 무주택자가 주택 구매나 보증금 마련을 위해 1회

에 한해 받을 수 있는 예외 조항은 이직의 리스크 없이 실거주 투자를 하기 위한 효과적인 종잣돈 마련 수단이 될 수 있습니다.

회사 주거래 은행을 활용하자

일정 규모의 법인회사들은 급여 지급부터 법인 자금 관리를 위한 주거래 은행을 가지고 있습니다. 이러한 주거래 은행들은 거래하고 있는 회사의 임직원을 위한 특판 상품을 운영하거나 회사와의 별도 계약을 통해 임직원의 신용대출의 한도 및 금리를 우대하는 등 전용 대출 상품을 운용하고 있습니다. 이러한 주거래 은행 지점의 대출 담당자를 알아놓으면 종잣돈이 필요한 적절한 타이밍에 좋은 조건의 대출 상품을 소개받을 수 있습니다.

⊙ 정부를 통한 종잣돈 마련 방법

정부 또한 내 집 마련을 위한 종잣돈 모으기에 좋은 기회를 제공합니다. 복지부에서 제공하는 마이홈(www.myhome.go.kr)에서는 서민의 주거 복지 서비스를 위한 다양한 지원 내용을 확인할 수 있습니다. 정부에서 시행하는 금융 정책은 다음과 같습니다. 생애 최초 주택 구입자부터 5년 이상 무주택자, 혹은 오피스텔 매입이나 대출이 과도한 주택 또는 현재 거주 중인 임차주택 구입 자금 마련까지 다양한 범위의 금융 지원을 저금리로 뒷받침하고 있어 용도에 맞게 활용할 수 있습니다.

내 집 마련 디딤돌 대출

정부 지원 3대 서민 구입 자금을 하나로 통합한 저금리 구입 자금대출

- 대출대상: 주택매매계약을 체결한 자, 대출신청일 현재 세대주, 부부 합산 연 소득 6천만 원 이하인 자
- 대출금리: 연 2.25~3.15%
- 대출한도: 최고 2억 원 이내
- 대출기간: 10년, 15년, 20년, 30년

수익공유형 모기지

생애 최초로 주택을 구입하거나, 5년 이상 무주택인 사람이 주택 구입 시 수익을 공유하는 신개념 대출 상품

- 대출대상: 생애 최초 또는 5년 이상 무주택자, 만 19세 이상 세대주, 부부 합산 총소득 6천만 원 이하
- 대출금리: 연 1.5%(고정금리)
- 대출한도: 최고 2억 원 이내(주택 가격의 최대 70%)
- 대출기간: 20년

손익공유형 모기지

생애 최초로 주택을 구입하거나, 5년 이상 무주택인 사람이 주택 구입 시 수익과 위험을 공유하는 신개념 대출 상품

- 대출대상: 생애 최초 또는 5년 이상 무주택자, 만 19세 이상 세대주, 부부 합산 총소득 6천만 원 이하
- 대출금리: 최초 5년간 연 1% 이후 연 2%(고정금리)
- 대출한도: 최고 2억 원 이내(주택 가격의 최대 40%)
- 대출기간: 20년

주거안정주택구입자금대출

대출이 과도한 주택 또는 현재 거주 중인 임차주택 구입자금을 대출

- 대출대상: 부부 합산 총소득이 6천만 원 이하, 세대주와 세대원 전원이 무주택자, 만 45세 이하(대출기간 30년)
- 대출금리: 연 2.8%
- 대출한도: 최고 2억 원 이내
- 대출기간: 20년, 30년

오피스텔구입자금대출

근로자 및 서민에게 주거용 오피스텔 구입자금을 대출

- 대출대상: 부부 합산 총소득이 6천만 원 이하, 세대주와 세대원 전원이 6개월 이상 무주택자

- 대출금리: 연 2.8%

- 대출한도: 최고 7천만 원 이내

- 대출기간: 2년(9회 연장, 최장 20년)

보금자리론

한국주택금융공사가 사전에 적격 여부를 심사해 고객의 대출금리를 낮춘 장기고정대출

- 대출대상: 민법상 성년인 대한민국 국민

- 대출금리: 연 2.90~3.15%(우대금리 추가적용 가능)

- 대출한도: 주택담보가치의 최대 70%까지

- 대출기간: 10년, 15년, 20년, 30년

적격대출

한국주택금융공사가 서민의 내 집 마련을 지원하기 위해 만든 장기고정금리대출

- 신청대상: 주택을 담보로 대출받고자 하는 고객

- 대출금리: 고정금리로 은행별·만기별 차이가 있음

- 담보주택: 담보가치 9억 원 이하 주택

- 상환방식: 원리금균등분할상환/원금균등분할상환

- 대출기간: 10년, 15년, 20년, 30년(이자만 납부하는 기간 1년 선택가능)

- 신청방법: 시중은행 영업점에서 상담 후 신청 가능

- 중도상환 수수료 1.2%, 경과일수에 따라 부과하되 3년 경과 시 면제

지금까지 단시간에 종잣돈을 마련해야 하는 이유와 시간을 버는 종잣돈 마련 방법 3가지를 알아보았습니다. 부동산 투자에 성공하기 위해서는 투자 상품의 가치를 볼 줄 아는 눈과 매매의 기술도 중요하지만 투자의 시기를 놓치지 않는 것도 필요합니다. 그리고 종잣돈 마련 시기가 길어지면 길어질수록 그만큼 돈의 가치는 떨어지기 때문에 같은 돈을 가지고 투자할 수 있는 부동산의 범위가 줄어듭니다.

예를 들어 2016년도만 해도 5천만 원이면 전세를 안고 투자할 수 있었던 용산 이태원동의 다세대주택이 2019년에는 1억 5천만 원을 가지고도 투자할 수 없게 된 것만 봐도 돈의 가치 하락이 얼마나 영향이 큰지 체감할 수 있습니다. 만약 급여 저축과 퇴직금 정산을 병행해 2016년도에 5천만 원을 모은 사람과 급여 저축만으로 2019년에 5천만 원을 모은 사람이 있다고 가정해봅시다. 2016년도에 5천만 원을 모은 사람은 용산 이태원동의 다세대주택에 투자해 2019년이 되었을 때 시세차익을 종잣돈의 2배 이상 얻은 반면에, 2019년도에 5천만 원을 모은 사람은 모은 종잣돈으로 이태원동보다 한참 아래 입지의 매물을 찾아보거나 다시 몇 년을 더 모아 추가 1억 원을 더 만들어야 합니다. 그렇게 몇 년 후에 1억 5천만 원까지 모았다고 하더라도 그때가 되면 다시 이태원동 다세대주택은 그 이상의 시세로 올랐을 것입니다.

혹자는 "이직을 해가면서까지 종잣돈을 모아야 하느냐?"라고 반문할 수 있습니다. 그 질문을 40대 후반 이상에게 받는다면 다른 대안을 찾으라고 말해야 합니다. 40대 후반부터는 재취업이 어려운 것이 현실이기 때문입니다. 하지만 취업 시장에서 충분히 경쟁력이 있는 3040 세대라면 과감하게 승부를 걸어보라고 말해주고 싶습니다. 부동산 투자는 하루라도 젊었을 때 뛰어드는 것이 돈의 가치 하락을 방어할 수 있는 최선이고, 종잣돈을 빨리 만들기 위해 이직 시장에 뛰어들 수 있는 시기는 그때뿐이기 때문입니다.

성공적인 내 집 투자를 위한
시기는 생애 주기

이제 경력과 회사, 정부의 도움을 통해 시의적절하게 종잣돈을 마련했으니 다시 "쌀 때 사서 비쌀 때 판다."라는 명제로 돌아가, 어떻게 하면 성공적인 내 집 투자 시기를 잡을 수 있는지 알려드리도록 하겠습니다.

보통 부동산을 한 번 잘못 사면 10년 고생한다고들 이야기합니다. 필자 역시도 금융 위기 직전에 첫 집인 성남 재개발 투자 후 하락기를 맞으면서 자산 손실을 만회하기까지 10년 이상의 시간이 걸렸습니다. 그러고 보면 한 번 잘못 사면 10년 고생한다는 이야기는 부동산이 온탕에서 냉탕으로 갔다가 다시 온탕으로 돌아오기 시작할 때까지 통상 10년 정도의 기간 동안 마음고생을 한다는 것으로 이해할 수 있겠습니다.

ㅇ 부동산을 싸게 살 수 있는 시기가 더 많다

10년의 기간 동안, 남녀노소 모두가 관심을 가지고 투자에 뛰어드는 시점은 몇 년 정도일까요? 필자의 경우를 복기해보면 2009년을 하락기의 시작이라고 가정할 때 지나가던 개도 부동산에 관심을 가지고 몰두하던 2007~2008년 초상승기에 성남 재개발을 산 후 하락장을 맞이했습니다. 그 뒤 10년을 고생하면서 팔지 않고 있다가 그동안 지속되는 하락으로 관심을 거두던 모든 사람들이 다시 몰두하기 시작한 2017년 이후 재상승기에 회복한 시세로 매도할 수 있었습니다.

그럼 그사이, 2009년부터 2016년까지의 기간은 무엇이라고 정의해야 할까요? 모두가 부동산에 관심을 가지지 않았으니까 블랙아웃(Blackout), 즉 의식을 잃은 시기라고 불러야 할까요? 부동산 시장이 관성이 강하고 오래간다는 특성을 감안해, 수도권 주택 매매가격 추이를 기준으로 2007년부터 2019년까지의 13년 동안의 심리적 변화를 적어보았습니다. 다음 페이지의 그래프를 확인해주세요.

상승장의 고점에서 불패를 외치며 맹렬히 달아오르던 대중의 관

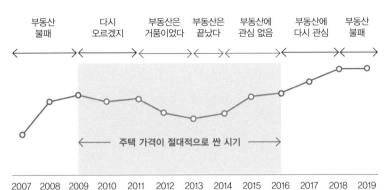

수도권 주택 매매가격 추이

| 부동산 불패 | 다시 오르겠지 | 부동산은 거품이었다 | 부동산은 끝났다 | 부동산에 관심 없음 | 부동산에 다시 관심 | 부동산 불패 |

←──── 주택 가격이 절대적으로 싼 시기 ────→

2007 2008 2009 2010 2011 2012 2013 2014 2015 2016 2017 2018 2019

출처: 통계청

심은 부동산 가격이 서서히 내려가는 것을 보면서도 아직 남아 있는 상승에 대한 기대 심리로 긴가민가하며 매수세를 놓고 있지 않습니다. 그러다가 하락 방어선 밑으로 푹 꺼지면 비로소 하락장임을 인지하고 부동산이 끝났음을 선언하며 매수세를 거두게 됩니다. 그 사이 바닥을 다진 가격은 다시 수면 아래에서 천천히 고개를 내밀면서 상승을 시작하지만, 대중은 가격이 하락하는 동안 학습된 관성으로 인해 눈치를 채지 못합니다. 그러다가 가격이 전고점을 뚫고 1~2년 사이에 확 오르기 시작하면 그제야 다시 관심 버튼을 켜기 시작합니다. 뛰어오른 가격이 이전 전고점을 한참 넘어서서 본격적으로 달아오르고 나서야 부동산 상승장에 확신을 가지고 다시 불패를 외칩니다.

"쌀 때 사서 비쌀 때 판다."라는 명제를 가지고 전체 13년 동안의 가격의 흐름을 살펴보면 주택 가격이 절대적으로 싼 시기는 무려 9년의 기간으로 전체 기간의 2/3 이상을 차지합니다. 그렇기 때문에 대중의 심리와 상관없이 무려 9년의 기간 동안 천천히 신중하게 투자 가치가 있을 부동산을 고르고 적당한 시기에 종잣돈을 확보할 수만 있다면, 논리적으로 실패할 확률보다는 성공할 확률이 더 높아집니다.

혹자는 1장에서 말한 내용을 언급하며 "싸게 살 수 있는 침체기에 하필 돈이 없고 비싼 상승기에 하필 돈이 있는데 어떻게 해야 하느냐."라며 반문할 수 있습니다. 여기서 이야기하는 침체기는 대중이 "부동산은 거품이고 끝났다."라고 느끼고 매수세를 완전히 거두는 시기로, 그로 인해 집이 안 팔리고 전세 대란이 일어나는 2~3년의 짧은 시기입니다. 응당 이때는 가격이 바닥을 다지지만 시장의 공포가 만연하기 때문에 현금을 지키는 것이 당연해지고 감히 투자할 생각을 하긴 어렵습니다.

하지만 이 시기를 제외하고라도 절대적으로 가격이 싼 나머지 6~7년 동안 기회를 잘 모색하면 시장의 공황을 피해서 성공적인 실거주 투자가 가능합니다. 다만 여기에는 한 가지 중요한 조건이 필요한데, 가격 상승과 하락에 휘둘리는 대중의 심리와 상관없이 행동에 옮길 수 있는 매우 강한 동기부여가 동반된 부동산 투자 방법이 필요합니다. 그것은 바로 부동산 시황이 아닌 자신과 가족의 생애 주기에 맞춰 더 나은 환경을 가기 위해 투자하는 생애 주기를 활용한 부동산 투자법입니다.

◉ 내 집 마련을 위한 적절한 시기는 생애 주기

생애 주기별 부동산 투자는 개인 혹은 가족의 생애 주기에 맞춰 2~3년 먼저 생애 목적에 적합한 집을 전세를 끼고 구매한 후 생애 주기가 돌아왔을 때 이사해 실거주와 투자를 동시에 만족시키는 투자 방법을 말합니다. 이 투자 방법은 부동산 시황에 따라 투자처를 고르는 것이 아닌 개인의 생애 주기에 따라 투자처를 고르는 것이기 때문에 확률적으로 13년의 부동산 순환 기간 동안 4년의 비쌀 시기보다 9년의 싼 시기에 일어날 가능성이 높습니다.

또한 개인 혹은 가족 내부의 강한 동기부여로 매매가 결정되는 투자의 특성상 가격과 같은 외적 요인에 의한 매수 포기가 적게 일어납니다. 그렇기 때문에 마치 주식에서의 가치 투자처럼 부동산 시황에 따른 대중의 소음에서 벗어나서 대중심리와 반대로 가는 똑똑한 실거주 투자가 가능하도록 하는 것이 생애 주기별 부동산 투자의 목적입니다.

필자 역시 생애 주기별 투자를 통해 대중과 반대로 가는 실거주 투자를 할 수 있었습니다. 2014년도에 5억 3천만 원을 주고 산 집이 지금은 12억 원을 바라보고 있습니다만, 당시에 제가 생애 주기별 투자가 아닌 시황에 따른 투자를 했다면 감히 그 지역의 매수는 할 수 없었을 겁니다. 당시에는 일본의 사례를 비추어 한국의 부동산은 끝났으며, 특히 지난 버블 세븐 지역(강남·서초·송파·목동·분당·평촌·용인)은 다시는 회복하기 어려울 것으로 대중이 평가했기 때문입니다. 지금 와서 돌이켜보니 운이 좋았다고 혹자는 말할 수도 있겠지만 결정할 당시에 어떠한 시장의 잡음도 매수 결정에 영향을 미치지 않았습니다. 또 적기에 생애 목적에 맞는 환경을 갖춘 실거주 집을 마련할 수 있었다는 점에서 가격 상승을 제외하더라도 심리적 만족은 높았습니다.

○ 시장을 보지 말고 나의 생애 주기에 집중하자

필명처럼 저는 대치동에서 학창 시절을 보냈습니다. 그 옛날 대치동 은마 아파트가 5천만 원 정도 하던 초등학교 시절에 부모님이 대치동으로 이사했는데 이유는 더 나은 면학 환경 때문이었습니다. 당시에도 서울 집값은 비쌌기 때문에 옮겨가는 것에 부담이 있었습니다. 하지만 결국 자식 교육을 위해 과감한 결정을 했고 결과적으로 자식 교육 측면에서, 그리고 자산 형성 측면에서, 좋은 결과로 귀결되었습니다.

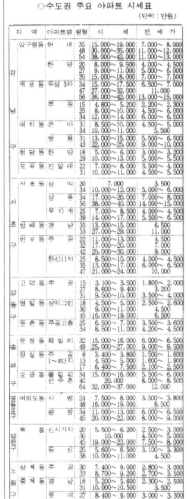

◇수도권 주요 아파트 시세표
(단위 : 만원)

◇지난봄 이후 침체기에 접어든 수도권아파트경기는 盧泰愚분양신청이후 당분간 더욱 심화될 전망이다. 사진은 盧泰시범단지에 분양신청하기 위해 주택은행 창구앞에 몰려있는 청약자들의 모습.
〈사진=鄭夏宗기자〉

자료:〈조선일보〉 1989년 12월 9일자

당시 신문기사가 말해주듯이 1980~1990년대만 하더라도 대치동은 지금과 같은 전국적으로 유명한 동네가 아니었습니다. 평범한 8학군 신흥 주거지였고 노원구 중계동과 비슷한 시세를 형성하고 있었습니다. 하지만 정부의 지속적인 강남 개발에 따라 유명 고등학교와 공기업, 각종 관공서가 들어오면서 대규모 아파트촌이 형성되었고, 그에 따라 소득이 높은 공기업, 고위 공무원들이 이사 오게 되면서 빠르게 변화하기 시작했습니다.

이어서 강남역 일대와 삼성동이 개발되면서 대기업 등 좋은 일자리가 모여들었고, 고소득 직장인이 이사 오기 시작했습니다. 그리고 거주민의 높은 교육열과 좋은 학교로 인해 학원가가 형성되어 대치동 학군이 서서히 유명해지기 시작했습니다. 자연스럽게 다른 지역과 차별화되는 입지와 가격을 가진 것입니다.

필자가 지금의 실거주 지역인 분당으로 갈 당시, 2014년은 평범한 사람의 관점에서 보면 매일 하우스 푸어 기사가 나오던 하락기의 한복판이었습니다. 지금 가격이 너무 뛰어서 겁나듯이 그 당시에는 강남도 떨어질까 두려워 부동산 시장만 바라볼 뿐 감히 매수하지 못하던 시절입니다.

저 역시 당시에는 감히 투자라는 단어를 머리에 떠올리지 못할 정도였지만 아이들이 유치원을 들어가고 곧 친구들을 사귀어야 하는 가족의 생애 주기의 시점이 오자 어렸을 적 부모님이 대치동으로 과감히 이사한 경험을 떠올리고 선택을 했습니다. 시장에 휘둘리지도 망설이지도 않았습니다. 침체기였고 전세 대란의 시기였기 때문에 전세금 올려줄 현금을 마련하기도 쉽지 않았던 터라 과도한 빚을 우려한 아내는 매수를 말렸습니다. 하지만 학군 지역으로 가겠다는 의지가 강했기 때문에 밀어붙였습니다. 회사를 옮기며 받은 퇴직금도 밀어넣고 적금과 보험금도 깨가면서, 소위 영혼까지 끌어당겼었습니다.

만약에 제가 생애 주기보다 부동산 시장에 더 민감해했다면 과연 당시에 "분당은 끝났다."라는 말을 듣고 "저평가됐구나." 하고 살 수 있었을까요? 그것도 모든 금융자산을 깨가면서 말입니다. 제가 단순 투자 이유로만 생각했다면, 단언하지만 전 아무 행위도 안 했을 겁니다. 혹자는 "천운이 도왔던 거 아니냐?" 하고 반문할 수도 있습니다. 하지만 앞서 언급한 대로 부동산 순환 주기 중 70%가 싼 시기라면 제가 천운이라고 보긴 어렵지 않을까 생각합니다. 분양권 당첨에 비하더라도 말입니다.

본인 혹은 가족의 생애 주기가 다가오면서 첫 집 마련 혹은 갈아타기를 위한 부동산 투자를 결정해야 하는 사람들 중 대다수가 부동산 시장의 변화 때문에 고민합니다. 이런 분들에게 나의 생애 주기에 집중해 판단하기를 강하게 권합니다. 그러면 시장에 휘둘리던 마음은 진정되고 냉정하게 그곳에 옮겨가야 할 혹은 가지 말아야 할 이유가 생깁니다.

행여나 그렇게 결정해서 마련한 내 집의 가격이 떨어질까 걱정이라면 안심해도 됩니다. 생애 주기에 맞춰 살 집을 고민한다는 말은 지금보다 더 나은 곳을 찾는다는 말과 같습니다. 자금이 허락되는 한 더 나은 곳을 찾는다는 것은 옮겨갈 곳은 최소한 지금 있는 곳보다 자산적으로 더 높게 상승할 가능성이 크다는 이야기입니다.

혹 비싼 시기와 맞물렸다고 하더라도 생애 주기는 최소 5년 길게는 10년 이상의 주기를 가지기 때문에 그동안 만족스럽게 실거주를 하면 됩니다. 그사이 부동산 시장은 하락을 거치고 재상승을 시작할 것입니다. 그리고 그 상승은 같은 시간 동안 하락한 돈의 가치와 맞물리면서 전고점을 넘어 그 이상의 시세를 형성합니다.

지금까지 성공적인 내 집 투자를 위한 시기는 어느 때고, 그 시기에 투자하기 위해 어떠한 투자법이 필요한지 알아보았습니다. 성공적인 내 집 투자를 위한 시기는 예상외로 넓지만 대중과 반대로 행동해야 한다는 어려움이 있습니다. 그 어려움을 극복하기 위해서는 시황에 휘둘리지 않는 생애 주기를 활용한 부동산 투자를 실천해야 합니다.

그렇다면 생애 주기를 활용한 부동산 투자는 어떻게 접근해야 할까요? 다음 글에서 좀 더 상세하게 설명하도록 하겠습니다.

생애 주기를 활용한
부동산 투자법

생애 주기에서 집을 가지고 처음 진지하게 고민하는 시기가 언제일까요? 10대? 공부하느라 바쁩니다. 20대? 연애하고 취직하느라 정신이 없습니다. 30대? 이때부터 처음 고민하는 시기가 옵니다. 바로 결혼할 때입니다. 제가 결혼할 때만 해도 신혼 생활은 대부분 전·월세로 시작했습니다만, 지금은 맞벌이 신혼이 많고 집을 자산의 개념으로 생각하는 경향이 강해지면서 아예 매수해 들어가는 분도 많은 것 같습니다. 어쨌든 이 시기가 되면 처음으로 부모 곁을 떠나 부부가 살 곳을 찾게 되는데, 생애 주기를 활용한 부동산 투자 방법을 활용하면 좋은 출발을 할 수 있습니다.

○ 부동산 투자를 해야 할 3번의 생애 주기

생애 주기를 활용한 부동산 투자에서 중요하게 생각하는 기회는 3번이 있습니다. 첫 번째 결혼 준비를 하며 신혼살림을 할 때, 두 번째 아이가 유치원에 들어갈 때, 세 번째 아이가 초등학교 고학년으로 올라갈 때입니다.

그중 첫 번째 생애 주기인 신혼 때는 부모의 보살핌에서 독립해 맞이하는 첫 시기이자 생애 유일하게 살아보고 싶은 곳에 살 수 있는 시기입니다. 지금까지 살았던 생활 반경을 벗어나 지도를 넓게 펴놓고 보기를 권장합니다. 자신의 첫 집을 마련하는 만큼 되도록 부동산에 관심을 가지고 입지 이야기를 최대한 많이 들으면서 자신의 첫 보금자리를 정해보는 겁니다. 직장과의 거리는 아주 불편할 정도로 먼 거리가 아니라면 조금은 우선순위에서 제외해도 무방합니다. 특히 서울은 웬만한 동네는 촘촘히 연결되어 있으므로 역세권에 비중을 크게 안 두어도 됩니다.

신혼 때 거주 지역이 중요한 이유

인생에서 가장 자유롭게 거주지를 선택할 수 있는 시기에 직장에서 가깝다고 혹은 양가 부모님이 사는 지역에서 살기를 원해서 그 근처에서 신혼을 시작하면 다른 입지 조건을 가진 곳에서 살 기회를 너무 쉽게 놓치게 됩니다. 그러다 곧 아이가 생기고 사는 곳에 익숙해지면 금방 여기가 가장 살기 좋다고 생각합니다. 왜냐하면 인간은 환경에 쉽게 적응하는 동물이고, 이미 적응해버린 나는 사는 곳의 장점을 들먹이며 스스로 합리화하기 때문입니다. 마침내 완전히 정착하고 지역의 커뮤니티와 어울리며 녹아들게 되면 일종의 레거시(Legacy), 즉 심리적 지분이 생기기 때문에 전혀 새로운 지역에는 갈 생각조차 하지 않게 됩니다.

예를 들어 분당하고 일산이 각각 1기 신도시로 개발되고 나서 사람들이 거주지를 고르고 이주할 때 주로 고려했던 기준은 직장과의 거리와 신축 여부였습니다. 광화문 쪽으로 다니는 사람은 일산에, 강남 쪽으로 다니는 사람은 분당에 청약하고 이주했습니다. 당시에는 두 지역 다 베드타운으로 시작했고 가격이 같았지만 이후의 차이는 여러분이 잘 아시는 바와 같이 달라졌습니다. 그렇게 신혼 때에 선택한 보금자리에 눌러앉은 이후에는 아이 교육을 위해 학군 지역으로 넘어오거나 지방으로 발령받아 내려가는 사례를 제외하면 대부분 그 지역과 주변 지역에서 일생 동안 만족하며 살아갑니다. 단지 자산의 차이만 나게 된 것을 제외하고 말입니다.

유치원 시기에 갈아타기가 중요한 이유

그렇게 신혼 때 처음 집에 대해 깊게 고민하고 거주 지역을 선정한 이후에는 출산하고 영아를 기르는 과정이 고단하기 때문에 집에 대해서 고민할 겨를 없이 살게 됩니다. 그렇게 몇 년이 흐르고 나면

두 번째 중요한 생애 주기가 다가오고 집에 대해 깊게 고민하는 시기가 다시 옵니다. 바로 아이가 유치원에 입학하는 시기입니다.

이 시기가 오면 처음으로 내가 사는 곳을 아이 입장에서 둘러보게 됩니다. 안심하고 맡길 수 있는 좋은 커리큘럼이 있는 유치원이 있는지, 가는 길은 안전한지, 또래 친구들의 부모 수준은 어떠한지, 연계된 초등학교는 면학 분위기가 좋은지, 멀게는 중학교 학군 현황 등등, 불과 며칠 전까지 살기에 부족함이 없다고 생각했던 자신의 동네를 아이라는 새로운 기준으로 촘촘히 따져보는 것입니다. 그런 다음 그대로 있을지 나은 환경의 동네로 이사 갈지를 진지하게 고민합니다. 하지만 이미 지역에 어느 정도 자리를 잡기도 했고 근처에 부모가 살면서 육아 도움을 받는 경우도 많다 보니 신혼 때보다 다른 지역으로 가는 것에 대한 두려움도 큽니다.

2018년에 제 조언으로 분당에 집을 마련한 친구가 점심을 먹자고 해서 만난 적이 있습니다. 몇 년간 상승장이 지속되며 대략 5억원 이상 시세차익을 얻어서 밥을 사려는가 보다 하고 만났는데 뜬금없이 분당으로 이사하지 못할 것 같다고 말합니다. 이유를 물어보니, 아이가 유치원에 들어갈 시점에 맞춰 지금 살던 집을 팔고 이사 가려고 생각했는데 자식 교육 때문에 살아보지도 않은 낯선 동네에 가려니 겁이 난다고 고민을 털어놓았습니다. 학창 시절부터 지금까지 계속 안양에 살다 보니 너무 편하고 부모님도 같은 아파트 단지에 있어서 육아 걱정도 덜한데 이러한 편안함을 버리기가 어렵다면서 말입니다. 분당은 엄마들의 등쌀이 보통이 아니라고 하던데 어떻게 적응해야 할지도 모르겠다고 합니다. 그러면서 학군 지역에는 살아본 적 없는 자신도 대학만 잘 갔는데 굳이 갈 필요가 있겠냐는 회의가 든다는 것이었습니다. 그녀의 이야기를 들으면서 갈아탈 집을 사고도 옮겨가는 것을 두려워할 만큼 사는 지역에 익숙해진다는 것이 참 무섭구나 인정하면서도 대화의 마지막에는 강력하게 거주지를 옮길 것을 권유했습니다.

요즘은 유치원부터 엄마들의 커뮤니티가 만들어지고 아이의 학원과 학습이 결정되다 보니 사실상 학부모가 되는 첫 관문을 유치원으로 봅니다. 매년 시설과 학습이 좋은 유치원에 보내기 위한 부모들의 눈치 작전과 자리 전쟁이 일어나는 것도 이러한 인식에 기인합니다. 유치원에 입학한 아이들은 그룹을 지어 스포츠 활동을 시작하는데, 여기서 서로 관계를 맺은 엄마들 사이에서도 비슷한 경제 수준을 바탕으로 육아 경험을 공유하며 끈끈한 우정을 쌓게 됩니다.

또한 일부 사립 초등학교 입학생을 제외하고는 대부분 그대로 주변 초등학교에 같이 입학하기 때문에 이러한 커뮤니티는 지역사회에 강력한 소속감을 부여합니다. 결국 가족의 생애에서 가장 긴 시기인 아이의 학창 시절 내내 그 지역을 벗어나지 못하도록 만듭니다.

초등학교 3학년이 마지막 생애 주기인 이유

마지막으로 갈아타려는 강력한 동기부여를 제공하는 생애 시점은 자녀의 초등학교 3학년입니다. 이때는 어느 정도 아이의 공부 그릇이 드러나고, 본격적으로 시작될 대입 여정에 앞서 아이를 어떤 중학교 학군에서 공부시킬 것인지를 고민하게 됩니다. 근거리 배정을 확실하게 받기 위해선 초등학교 4학년에는 옮겨가야 하기 때문입니다. 특히 영재로 판정받는다면 부모는 대치동과 같은 최상위 학군으로 갈 생각을 하게 되고, 학년말에 가면 인근 중개소에 집을 알아보려는 문의 전화가 증가합니다.

이 시기를 마지막으로 거주지를 결정하고 나면 이후 학창 시절 동안 아이의 학업을 위해 거주지를 유지합니다. 아이의 학업이 끝난 이후에도 학창 시절을 거치면서 만들어진 아이 친구들의 커뮤니티, 부모의 커뮤니티로 인해 거주지를 바꾸지 않습니다. 이것이 초등학교 3학년, 늦게는 4학년을 사실상 지역 갈아타기를 고민하게 되는 마지막 생애 주기로 보는 이유입니다.

⊙ 생애 주기에 앞서 2~3년 정도 미리 사자

생애 주기에 맞게 주거지 변경을 결정했더라도 이사 가는 시기와 맞물려 집을 알아보는 분이 많습니다. 이것도 좋은 방법이지만,

저는 성공적인 실거주 투자를 위해 이사 가는 시점에서 2~3년 전에 전·월세를 끼고 먼저 사두기를 권합니다. 가고자 하는 곳을 선점했다는 안도감을 얻을 수 있을 뿐만 아니라, 무엇보다도 실거주로 갈 시점에서 매매를 알아보면 시간에 쫓겨서 부동산 시장과 주변의 소음에 휘둘릴 가능성이 크기 때문입니다. 예를 들어 자녀가 유치원에 가야 할 시점이 2022~2023년이라면 지금 미리 집을 사두고 그때 가서 여유롭게 들어가면 됩니다.

미리 샀다가 들어가려는 시점에서 집값이 떨어질까 걱정하는 분들이 있습니다. 그런 분들에게는 반대로 지금 안 샀다가 그때 폭등해서 지금 가격에도 못 사면 그때는 어떻게 할지 질문하고 싶습니다. 다시 한번 말하지만 생애 주기를 활용한 부동산 투자를 결심했다면 시황에 흔들리거나 자꾸 예측하려 하면 안 됩니다. 생애 주기 투자는 긴 호흡을 가지고 나와 가족의 생애 일정과 목적에 맞춰 더 좋은 입지로 가고자 노력하는 것입니다. 그사이에 부동산 시장의 오르내림은 있을 수 있지만 결국 매년 떨어지는 돈 가치만큼, 옮겨간 상위 입지의 가치만큼 나의 자산 가치는 오르게 됩니다.

부동산 매수 계약을 할 때는 계약부터 잔금일까지 1~2달 정도 여유 있게 잡는 게 좋습니다. 옮겨갈 집의 매수는 물론이고 현재 내가 살고 있는 집의 매도 여부도 고려하고, 전세의 경우 다음 세입자를 구해야 할 시간도 확보해야 하기 때문입니다. 잔금일은 6월 1일 이후부터 12월 31일 사이에 하시는 것이 매수인 입장에서 이득을 볼 수 있습니다. 6월 1일 기준으로 등기상의 소유자에게 1년 전체 재산세를 부과하기 때문에 매수인의 재산세 부담을 덜 수 있기 때문입니다. 또 세법이 통상 12월 말에 개정되어 1월 1일부터 적용되는 사례가 많아서 잔금일이 새해를 넘어가면 소급 적용을 받더라도 예상치 못한 세금 관련 불이익을 당할 수도 있습니다.

갈아타기와 같이 기존 집을 매도하는 것과 동시에 집을 매수하는 과정에서 대출을 일으켜야 한다면 은행이나 정부 정책에 따라 대상 여부와 대출 한도, 대출 서류가 달라지는 경우도 있습니다. 새로운 집의 담보대출이 처리 기간이 여유 있게 진행될 수 있도록 잔금일에 여유를 두는 것을 조언합니다.

지금까지 생애 주기 투자에 대해 말씀드렸습니다. 부동산 투자에 대한 전문적인 지식이 없어도 일생의 딱 3번만, 가족의 생애 주기가 왔을 때 더 나은 환경으로 가겠다는 의지만 있으면 누구나 사는 동안 자산의 증가를 이룰 수 있습니다. 당부하고 싶은 점은 생애 주기가 왔을 때 부동산 시장의 소음이나 다른 여러 이유로 "그래, 이렇게까지 안 해도 돼." 하고 스스로 합리화하며 포기하지 말라는 것입니다. 스스로 외면하지 말고 감당할 만한 재정 계획을 통해 더 나은 환경으로 2~3년 먼저 건너간다면, 나도 모르는 사이에 자산은 무거운 바퀴를 굴려 늘어나기 시작합니다. 굳이 투자한다고 여기저기 기웃거리며 머리를 굴리지 않더라도 말입니다.

투자 지역 핵심 원리 1
아이의 눈으로 봐라

나의 경력과 회사, 정부의 도움을 통해 시의적절하게 종잣돈을 마련했고, 시장의 소음에 흔들리지 않고 내 집을 마련할 적절한 시기도 정했습니다. 다음으로 실거주 만족도는 물론이고 투자 가치도 잡을 수 있는 집을 구해보도록 하겠습니다. 우리가 집을 고를 때 가장 많이 실수하는 것이 바로 자신의 관점에서 입지를 본다는 것입니다. 하지만 지금부터 말씀드릴 투자하기 좋은 지역을 고르는 핵심 원리 첫 번째를 알고 나면 이와 같은 실수를 바로잡고 가족 구성원 모두를 만족시킬 수 있는 실거주 투자 지역을 선정할 수 있습니다. 첫 번째 핵심 원리는 바로 아이의 눈입니다.

● 아이의 눈으로 집을 바라봐야 하는 이유

가족을 이루고 양육을 시작하는 3040 세대에게 가장 오랜 기간 동안, 가장 많은 배려를 하는 대상은 누구인가요? 바로 자녀입니다. 그렇다면 아이를 양육하면서 양육 환경에 대해서 가장 많은 고민을 하는 때는 언제일까요? 바로 자녀가 유치원을 들어가 초등학교 저학년을 다닐 때까지입니다. 그 이유가 무엇인지 가족 구성원 개개인이 거주환경을 바라보는 시각을 통해 설명하도록 하겠습니다.

싱글남 직장을 다니기에 좋은 곳이면 만족합니다.

신혼 혹은 싱글녀 직장으로 다니기에 편리한 곳은 당연하고 집 근처에 피트니스도 있고 마트도 가까우면 좋겠습니다. 백화점에서 가까우면 쇼핑하거나 외식하기 좋을 것 같고 스타벅스도 있었으면 하고, 하여튼 집 주변에 편의 시설이 좋으면서 고급스러워 보이길 바랍니다.

베이비 맘(Mom)~어린이집 맘 하루 종일 아기와 붙어 있는데 조그만 소음에도 아기가 잘 울어서 아파트 단지가 조용하면 좋겠습니다. 유모차 끌고 나가기 좋게 턱이 많거나 언덕이 많은 곳은 싫고 근처에 산책할 만한 곳이 있으면 좋겠습니다. 아기를 데리고 갈 수 있는 식당, 마트가 가까우면 좋겠고요. 병원이나 보건소, 주민센터가 가까워야 해요. 은행도 그렇고. 이래저래 접종할 일도 많고 지원금을 받으려면 갈 데가 많거든요. 아파트 단지 안에 어린이집도 있어야 하고요. (남편은 왜 퇴근을 안 하는 거야!)

유치원 맘~초등학교 맘 일단 단지 내에는 차가 없어야 하고요. 학교나 유치원도 코 닿을 곳에 있어야 합니다. 다니는 애들도 비슷비슷했으면 좋겠고 엄마들도 다 저랑 비슷비슷해야 어울리기 좋을 것 같아요. 이왕이면 어느 정도 경제적으로 여유 있는 사람들이 모인 동네였으면 좋겠고요. 아이를 보내고 나서 엄마들하고 갈 수 있는 식당하고 커피숍도 필요하고, 마트, 은행, 병원, 이왕이면 주민센터하고 구청도 가까우면 좋겠습니다. 아, 맞다. 대형 프랜차이즈 학원을 포함해서 다양한 것을 가르칠 수 있는 학원들이 가까이 있어야 해요. 동네에 불량배도 없어야 하고 주말에 아이들 뛰놀게 공원도 좀 있으면 좋겠고, 여러모로 단지가 깨끗하니 정갈하고 아늑하고 조용했으면 좋겠네요. 제일 중요한 것은 유흥가가 없어야 합니다. (남편이야 본인이 알아서 회사 다니면 되고요.)

중·고등학교 맘 아이들 학업 때문에 이사 가긴 어려워요. 학업에 들어가는 돈도 만만치 않고요. 초등학교 때부터 있어서 이제 익숙하기도 하고 아이들 친구도 다 여기 있어서 특별한 일 없으면 정착하려고 합니다.

할머니 맘 아이를 봐 달라고 하고 싶으면 이리로 이사 오너라. (할아버지: 묵묵부답)

어떻게 보셨나요? 제 아내가 하는 말을 그대로 옮겨 적다 보니 다소 과장되거나 빠진 부분이 없지 않지만 그래도 어느 정도 공감은 할 겁니다. 문단의 길이에서도 짐작하겠지만 유치원에서 초등학교 때가 아이들 입장에서 챙겨주어야 할 것이 가장 많은 시기입니다. 오히려 베이비 맘일 때는 집에 있는 시간이 길고, 유모차에 태워 나가거나 동선이 짧은 단지 내 어린이집에 맡겼다가 데리고 오는 경우가 많아 행동반경이 넓지 않습니다. 동네 엄마들 사이에 본격적인 커뮤니티가 형성되기 전이므로 동네 수준이나 균일함도 많이 따지지는 않습니다. 이전 장에서 이야기한 생애 주기를 활용한 부동산 투자 방법에서 3개 중요한 생애 주기를 기억하시나요? 그중 2개 생애 주기가 모두 유치원부터 초등학교 시절과 관련 있다는 점에서 일맥상통한다고 할 수 있겠습니다.

● 아이의 눈을 만족시키는 곳이 좋은 입지다

유치원부터 초등학교까지 아이의 눈을 만족시키는 입지는 생각보다 많이 있습니다. 서울의 경우 재건축·재개발이 완료되면서 초등학교를 품은 대단지 아파트촌과 공원이 형성되면서 자연스럽게 유흥가가 없는 근린상가, 학원이 들어오는 곳이 많아졌습니다. 비슷한 생활 수준과 관심사를 가진 사람이 모이면서 관련된 상권이 형성되고 원하는 요건들을 갖춰나가게 됩니다.

　물론 아이의 눈을 만족시킬 만한 요소가 있는 입지들 사이에도 분명히 등급이 존재하고 그에 따른 집값의 차이는 발생합니다. 대치동처럼 전국구 학군지로 유명한 곳은 아이 공부에 관심 있는 부모라면 누구나 가고 싶은 선망의 지역입니다. 하지만 그런 곳은 극히 한정적이기 때문에 현실적으로 모두가 거기 들어갈 수 없습니다. 하지만 분당, 평촌, 목동이나 수원 영통구, 용인 수지구, 대구 수성구, 대전 둔산동 등 각 지역 내 학군지는 그 지역 사람이라면 충분히 노려볼 만한 좋은 입지입니다.

　한 번에 옮기기가 어려우면, 예를 들어 신흥 초등학교 학군지인 서울 마포구 공덕동을 거쳐서 대치동에 입성하는 것처럼, 각 지역에서도 생애 주기를 따라 중간 기착지를 거치고 자산을 불려서 옮겨가는 것도 생각해볼 수 있습니다. 중요한 것은 그러한 입지를 선택하는 데 부동산 투자와 실거주를 동시에 만족시키려면 아이의 눈으로 바라봐야 한다는 것입니다. 보이지 않던 고려 사항들이 보이고 그에 따라 좋은 입지를 찾을 수 있습니다. 또한 그런 동네는 내가 지금 있는 곳보다 필연적으로 상위 지역이고 더 많은 실수요가 찾는 곳입니다. 그렇기 때문에 하락장에서는 가격 방어력이 좋고 상승장에서는 더 오를 가능성이 큽니다.

○ 아이의 눈으로 본 서울의 좋은 입지

아이의 눈으로 본 서울의 실거주 투자하기 좋은 입지는 어디일까요? 대표적으로 쇼핑, 생활 시설, 교육, 공원, 지역 커뮤니티에 부가적으로 업무 중심지까지 거리까지 고려한 입지가 서울에서 아이 기르기에 좋은 입지입니다. 다음은 이러한 요소를 토대로 실거주 투자 가치가 높은 지역을 한눈에 볼 수 있게 표시한 지도입니다.

실거주 투자 가치가 높은 지역

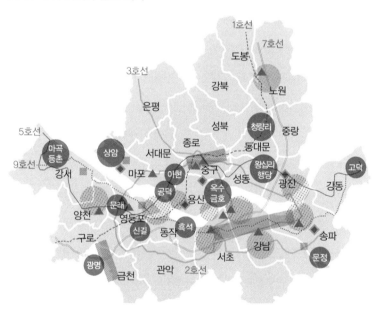

지도에 표시된 곳은 각 지하철 노선과 주요 업무 중심지, 스테디셀러 주거지, 뉴타운을 중심으로 떠오르는 신흥 인기 주거지, 이름만 대면 알 만한 대형 공원, 쇼핑의 대표 주자라 할 수 있는 백화점 중에서 주변 상권에 영향을 줄 만한 전국 매출 규모 25위(=4천억 원) 이상 대형 백화점을 표시했습니다. 몇 가지 주석을 달면 다음과 같습니다.

주석 1 신흥 인기 주거지는 뉴타운 사업이나 택지 개발을 통해 생활 환경 인프라가 획기적으로 바뀌었거나 바뀌고 있는 지역입니다. 새로운 인프라와 신축 아파트는 신축이 부족한 서울에서 희소성을 인정받으며 높은 가격을 형성하고 그에 걸맞은 지역 커뮤니티를 갖추게 됩니다. 경제적 수준이 높은 커뮤니티는 눈높이에 걸맞는 교육 및 상업 시설을 요구하게 되고 대형 학원, 쇼핑센터 등이 이에 호응해 들어오게 됩니다. 특히 유치원부터 초등학교 학부모 비중이 높은 곳은 아이의 눈에 맞는 다양한 시설이 들어올 동기를 제공합니다.

주석 2 3대 도심 업무지가 중요한 이유는 일자리 수가 많은 것도 있지만, 대기업 본사나 금융회사가 위치해 고소득 직장인 비중이 높기 때문입니다. 3대 도심 업무지로 출퇴근이 용이한 인기 주거지의 경우 거주민의 소득 수준도 높게 나타납니다.

주석 3 백화점이 가까이 있다는 것은 그 지역의 소비 수준이 높음을 말해줍니다. 소비 수준은 곧 지역 커뮤니티의 경제적 눈높이와 직결됩니다.

주석 4 공원과 산책길은 서울에서는 입지적 가치가 많이 퇴색하고 있습니다. 신축 단지 안에 공원도 상당히 꾸며놓고 구 단위 지자체에서도 공원화 사업을 통해 지역 내 야산, 하천을 정비해 서울 어디에서도 접근성이 좋아졌기 때문입니다. 하지만 누구나 아는 이름 있는 대형 공원, 한강, 유명 산 등이 도보권에 있으면 상당한 입지적 장점이 있습니다.

주석 5 3차 의료 기관인 종합병원의 경우는 이용객의 적용 범위가 매우 넓고 매일 이용하는 시설이 아니지만, 응급실을 이용할 때 가까이 있으면 많은 도움이 됩니다. 다만 주거지와 너무 가까이 있으면 환자의 주변 출입과 영안실 등 시설 문제로 지역 커뮤니티와 충돌이 일어나기도 합니다.

주석 6 대학교 주변 거주지는 장단점이 있습니다. 대학교에서 제공하는 지역민을 위한 수준 높은 문화 강좌와 공원 같은 캠퍼스를 누릴 수 있는 장점이 있습니다. 반면 대학교 주변으로 생기는 다가구나 모텔, 유흥 시설 및 대학생 특유의 자유분방한 분위기는 주거지의 커뮤니티에 영향을 줄 수 있습니다.

지금까지 투자하기 좋은 지역을 고르는 핵심 원리 중 첫 번째로 아이의 눈을 알려드렸습니다. 자신의 관점에서 벗어나 아이의 입장

에서 실거주 투자 지역을 고르는 것이 왜 중요할까요? 아이는 어른
과 지역사회의 보호와 교육이 필요한 존재로서 가볍게 생각하고 놓
칠 수 있는 거주환경 요소들을 상기시켜주기 때문입니다. 부동산
시장에서 회자되는 인기 주거지 대부분이 아이 키우기 좋은 곳임을
생각하면 이해가 쉽습니다.

정작 문제는 때가 되었을 때 아무것도 하지 않고 지금 있는 자리
에 머무는 것입니다. 당장은 편할 수 있겠지만 그렇게 안주하고 적
응하는 사이에 불편함을 무릅쓰고 생애 주기를 활용한 투자를 한
주변 사람들과 자산의 차이는 점점 벌어지게 됩니다.

투자 지역 핵심 원리 2
희소성을 찾아라

이번에 말씀드릴 주제는 투자와 실거주를 만족하는 지역을 고르는 3가지 방법 중에 두 번째인 희소성에 대한 것입니다. 부동산에서 희소성은 가장 먼저 고려해야 할 상위의 개념입니다. 희소성의 원리를 알게 되면 어떤 지역이 상급지이고 하급지인지를 구별할 수 있어 실수를 줄이고 자신감 있는 투자를 할 수 있습니다. 특히 묻지마 투자가 횡행해 상급지나 하급지나 무차별적으로 상승하는 시기나 공포가 만연해 무차별적으로 하락하는 시기일 때 희소성의 원리는 군중심리에 휘둘리지 않고 냉정하게 가치를 평가할 수 있는 훌륭한 잣대가 됩니다.

○ 부동산에서 희소성의 의미

먼저 희소성이 무엇을 의미하는지 알아보도록 하겠습니다. 다음 예시 중 여러분이 가장 가지고 싶다고 생각하는 한 가지를 골라보세요.

1) 5캐럿 다이아몬드

2) 고흐의 진품 삽화 1점

3) 떠오르는 신흥 명품 브랜드

4) 외국 재래시장에서 우연히 발견한 전 세계 하나밖에 없는 나만의 가방

5) 매주 맞춰볼 수 있는 유효기간이 없는 로또 복권

여러분의 선택은 무엇인가요? 답은 사람마다 다르겠지만, 필자에게 답을 바란다면 2번을 선택합니다. 왜냐하면 반 고흐라는 작가는 대중적으로도 대단히 유명한 사람이고 그 작품은 엄청난 예술적·금전적 가치를 가지고 있다는 것을 알고 있기 때문입니다. 많은 수집가들의 수집 희망 목록에 올라가 있지만 이미 작가는 죽었기에 작품의 절대 수가 한정적입니다. 이러한 물건은 돈이 있다고 언제든 살 수 있는 것도 아니기 때문에 팔 때도 부르는 게 값이 됩니다.

1번은 어떤가요? 상당히 비싸고 귀한 보석이지만 소량이나마 생산됩니다. 2번은 더 이상 생산되지 않는 명화이기 때문에 부르는

게 값입니다. 3번은 유행을 선도할 만큼 뜨거워서 많은 사람들이 찾고 가격이 오르지만 그만큼 공급도 가능합니다. 4번은 본인에게 는 정말 소중한 추억을 선사하는 물건일 수는 있겠지만 나와 인연 이 없는 다른 사람에게는 그저 중고장터에서 거래될 법한 물건 그 이상, 그 이하도 아닐 가능성이 큽니다. 사가지고 온 그대로 다시 판매한다면 외국 재래시장에서 사온 가격에 프리미엄(부가가치)을 매기기 쉽지 않습니다. 마지막으로 5번은 매주 당첨 가능성의 기대 감을 안겨주지만 당첨의 확률이 지극히 낮기에 희망고문일 것입니 다. 계속하다 보면 언젠가 맞을 수도 있겠지만 죽기 전에 될지 안 될지 모른다는 불확실성으로 인해 대부분 몇 회 맞추다 팔려고 시 도할 것입니다. 하지만 기약할 수 없는 미래 가치를 담보로 하는 상 품이기 때문에 현란한 말솜씨를 가진 사기꾼이 아니면 프리미엄을 매겨 팔기는 어려울 것입니다.

자, 이제 희소성이라는 기준이 물건의 가치 측면에서 어떻게 해 석될 수 있는지에 대해 설명했으니, 위의 예시로 든 물건을 서울의 부동산으로 재해석해 표현하겠습니다.

1) 5캐럿 다이아몬드: 용산, 성동, 혹은 강남3구의 한강변 신축 아파트

2) 고흐의 진품 삽화 1점: 롯데월드타워 시그니엘 레지던스, 나인원 한남

3) 구찌 등 명품 컬렉션: 마곡, 강동, 혹은 뉴타운 재개발 신축 아파트

4) 외국 재래시장에서 우연히 발견한 전 세계 하나밖에 없는 나만의 가

방: 나홀로 아파트

5) 매주 맞춰볼 수 있는 유효기간이 없는 로또 복권: 개발계획이 없는 자연녹지구역(그린벨트)

부동산에서 희소성은 가치를 판단하기 위한 가장 중요한 단어인데, 전제는 반드시 그것을 원하는 두꺼운 수요층이 있어야 한다는 것입니다. 대표적인 것들을 사례로 거론했지만 이러한 희소성은 우리가 사는 동네, 더 작게는 아파트 단지 내에서도 적용할 수 있습니다. 부동산 매매가 이루어지는 모든 곳에서는 언제나 수요·공급 법칙이 적용되기 때문입니다. 만약 정신없이 오르는 상승장에서 급한 마음에 실수요 조사도 없이 희소하다는 감언이설에 넘어가 덥석 매수하게 된다면 매수가격이 꼭지가 되는 폭탄 돌리기 게임에 동참하게 됩니다. 이제 희소성의 관점에서 지역 분석은 어떻게 적용할 수 있는지 수도권 지도와 데이터를 가지고 살펴보도록 하겠습니다.

○ 지도와 데이터를 통한 지역별 희소성 분석

수도권 권역 지도와 희소성

다음 그림은 정부에서 수도권의 질서 있는 정비와 균형 있는 발전을 기할 목적으로 수도권 안에서의 인구 및 산업의 적정배치를

과밀억제권역, 성장관리권역 및 자연보전권역의 범위

연천군

포천군

동두천시

가평군

파주시   양주군

의정부시

김포시   고양시   남양주시

구리시

인천   서울특별시   하남시
광역시   부천시
          광명시   과천시
          시흥시 안양시 성남시   광주시   양평군
                  의왕시
                군포시
          안산시   여주군

          수원시
                  용인시   이천시
화성시

평택시   안성시

성장관리권역   과밀억제권역   자연보전권역

자료: 수도권 정비계획법 시행령

위해 수도권을 과밀억제권역과 성장관리권역, 자연보전권역으로
구분한 지도입니다. 과밀억제권역은 인구 및 산업이 과도하게 집중
되었거나 집중될 우려가 있어 추가 개발을 제한하고 있는 지역을

말하고, 성장관리권역은 과밀억제권역에서 이전하는 인구 및 산업을 계획적으로 유치하고자 개발을 권장하는 지역입니다. 자연보전권역은 상수원이나 녹지 등 자연을 보전할 필요가 있어 개발을 제한하는 지역을 말합니다.

과밀억제권역에 있는 주요 시들은 이미 도시 기반이 성숙해 개발할 땅이 부족하고 「수도권정비계획법」에 따라 개발이 엄격하게 관리되기 때문에 희소성 측면에서 5캐럿 다이아몬드에 비유할 수 있습니다. 물론 그 안에서도 서울시는 고흐의 명화와 같은 가치를 지닙니다.

성장관리지역은 이전하는 거주 수요를 계획해 유치하기 위해 대규모의 선개발을 하고 있는 곳으로 꾸준한 인구 유입이 있고 산업 기반이 증가하기 때문에 떠오르는 희소성 측면에서 신흥 명품 브랜드로 비유하겠습니다. 하지만 권역 특성상 실제 수요 대비 공급량이 많아 상당 기간 주거용 부동산의 가격이 약세인 경우가 있습니다.

자연보전권역은 개발제한구역이 많아 인구 유입에 한계가 있어 도시 인프라 형성이 어렵기 때문에 나만의 가방 혹은 로또 복권으로 비유가 가능합니다.

수도권 도시 분류와 희소성

인천을 제외한 서울과 인접한 수도권 도시는 크게 인구의 크기와 도시 기능으로 구분됩니다. 도시의 인구 규모에 따라 거대도시,

수도권 도시 분류

지역별	도시 규모	사업체 수	총종사자 수	전체 인구수	인구수 대비 일자리 비율
서울	거대중심도시	822,863	5,119,913	9,741,871	53%
화성시	대도시	36,624	391,590	691,086	57%
포천시	중소도시	9,901	76,130	152,925	50%
이천시	중소도시	8,753	100,047	213,142	47%
과천시	소도시	2,067	25,579	57,527	44%
안성시	중소도시	7,485	78,927	182,786	43%
성남시	대도시	38,290	397,340	967,510	41%
안산시	대도시	28,377	274,950	677,710	41%
시흥시	중소도시	22,960	167,110	419,664	40%
평택시	중소도시	18,211	191,620	481,530	40%
안양시	대도시	26,376	217,209	587,764	37%
파주시	중소도시	16,573	159,215	437,848	36%
김포시	중소도시	18,167	133,349	392,092	34%
양주시	중소도시	9,754	71,195	212,146	34%
군포시	중소도시	10,477	89,643	281,205	32%
경기도		492,066	4,212,790	12,873,895	33%

자료: 통계청, '시군구별 산업별, 규모별 사업체수 및 종사자수, 시군구별 인구수'(2017년 기준)

대도시, 중소도시, 소도시로 나눠집니다. 대체로 거대도시는 인구 100만 명 이상, 대도시는 인구 50만 명 이상, 중소도시는 10만 명 이상에서 50만 명 이하, 소도시는 10만 명 이하로 구분합니다. 도시

기능으로는 중심도시와 주변도시, 베드타운과 자족도시가 있는데, 중심도시는 지역에서 행정적으로 중심 역할을 하는 도시를 말하고 주변도시는 주변 역할을 하는 도시를 말합니다. 베드타운은 서울을 비롯한 자족도시의 고용 인프라를 활용하는 주택 도시로 주로 주거 기능을 담당하는 도시이고, 자족도시는 자체 고용 인프라를 통해 인구수 대비 일정 비율 이상 고용을 창출해 자급자족이 가능한 도시를 말합니다. 지역별 인구수 대비 일자리 수의 비율 통상 30% 이하면 베드타운, 그 이상이면 자족도시로 간주합니다.

2017년 기준으로 수도권 내 자족도시는 총 14개입니다. 이 중 과밀억제권역에 있는 도시는 성남, 시흥, 안양, 군포, 과천이고, 성장관리권역에 있는 도시는 화성, 안산, 포천, 이천, 파주, 김포, 양주, 평택, 안성, 자연보전권역에 있는 도시는 이천입니다. 희소성이 높은 과밀억제권역 5개 시 중 가장 높은 자족률을 보이는 시는 과천시로 강남 생활권을 공유하고 있어 가장 희소성이 높고, 대도시로 충분한 도시 인프라를 갖추었으면서도 높은 자족률을 보이는 성남시와 안산시, 안양시가 그 뒤를 따르고 있습니다. 성장관리권역도 같은 기준으로 적용해보면 그 희소성의 정도를 가늠해볼 수 있습니다.

베드타운 지역은 서울이나 수원과 같은 거대 중심도시나 광화문 및 시청, 여의도 및 구로, 강남, 판교, 기타 각 지역 대표 산업단지 등 자족 대도시의 업무 중심지와의 접근성에 따라 희소성이 커지고 그만큼 가격에 반영됩니다. 접근성은 실제 지도상의 거리보다 대중교통 연계를 통한 통근 시간이 중요한 변수로 작용하며, 대기업 본사가 상대적으로 많고 평균 급여 수준이 높은 업무 중심지에서 가까운 베드타운 도시가 투자 가치로 우위를 점합니다.

이러한 분류 외에도 수도권 도시들의 희소성 순위는 지역 경제 규모, 1인당 소득이나 쇼핑, 편의 시설 등 생활 인프라 수준에 따라 다른 방식으로 매겨질 수 있습니다. 복수의 기준에서 상위에 오를수록 그 도시의 입지 가치는 뛰어나다고 볼 수 있습니다.

⊙ 서울의 희소성 지역은 어디일까?

서울은 어떨까요? 서울 자체가 이미 대한민국에서 가장 희소한 곳이지만 서울 안에서도 입지로 인해 희소성에는 차이를 보입니다. 그렇다면 서울 안에서 어디가 더 희소성이 있는지는 어떻게 따져봐야 할까요? 이것을 알기 위해서는 최근 발표된 '2030서울도시기본계획(2030서울플랜)'과 '2030서울시생활권계획'을 살펴볼 필요가 있습니다. 3대 도심 지역과 이를 연결하는 부도심, 5대 광역생활권(도심권·동남권·동북권·서남권·서북권)에 대한 구체적인 계획이 총망라되어 있기 때문입니다.

이러한 서울시 도시 계획에 대한 전반적 내용은 서울 도시 계획 포털 사이트(urban.seoul.go.kr)와 서울 생활권 계획 사이트(planning.

2030 서울 도시 기본 계획

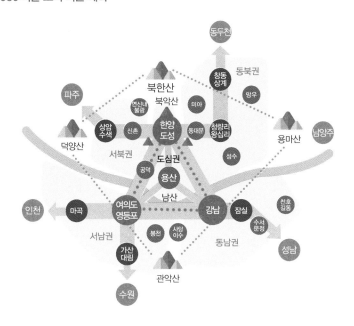

재생/발전축　 ••• 3도심 연계축　 •••• 한양도성(성곽)　 ▲ 외사산　 ▲ 내사산　 ━━ 한강 및 지천

● 국제적중심지(3도심)　 ● 광역적중심지(7광역 중심)　 ● 지역적 중심지(12지역 중심)

자료: 2030서울도시기본계획(2030서울플랜)

seoul.go.kr)를 통해 확인할 수 있습니다.

위의 자료는 '2030서울도시기본플랜' 보고서 중 공간구조 개편 방안에 대한 도식화 자료입니다. 광화문 및 시청, 여의도와 강남을 3대 국제적 도심지로 설정하고 그 주변으로 7도심지, 그리고 12지역 중심지를 연결해 도심 경쟁력 및 지역균형 발전을 위한 중심지 체계를 개편하겠다는 내용입니다. 이 자료가 의미하는 바는 '서울의 모든 지역 중에서 위에 지정된 곳이 입지적 희소성을 지닌다.'라는 것을 정부와 서울시에서 공식적으로 제시하고 이곳들을 먼저 개발해 땅의 가치를 지속적으로 높이겠다고 약속했다는 점입니다.

다음은 미래 산업적 입장에서 서울이 어떻게 변화하고 있고 그에 따른 입지적 가치 변화를 살펴보도록 하겠습니다.

서울의 미래 산업 지도와 희소성

지금 겪고 있는 노조 문제, 대기업 경쟁력 약화, 지방 산업의 침체 등은 4차 산업의 격변과 연계되어 있으며 이는 시가총액 상위 종목의 변화에서도 이미 크게 체감되고 있습니다. 코스피 시총에서는 전통적 중후장대 제조업이나 유통/서비스업 대기업들이 밀려나고 그 자리를 셀트리온, 네이버 등 바이오와 모바일 기업들이 대체해나가고 있고, 코스닥에서는 게임, 바이오, 가상화폐, 빅데이터, 모바일 관련 기업들이 상위를 차지하고 있습니다.

이러한 회사들은 대부분 아웃소싱으로 해결하고 온라인 플랫폼을 통한 서비스만 제공하는 사업 모델을 가지고 있어서 모바일, 플랫폼 개발, AI와 같은 고급 기술 인력을 확보할 수 있고 개방된 교류가 활발한 대도시 중심지에 위치하는 경우가 많습니다. '한국 스타트업 생태계백서' 설문조사에 따르면 스타트업 중 90% 이상이 수도권에 몰려 있으며 이 중 75.6%는 서울에, 19.7%는 경기도에 소재하고 있습니다. 선호하는 지역 역시 서울시 강남구가 39%, 성

서울시 스타트업 지도

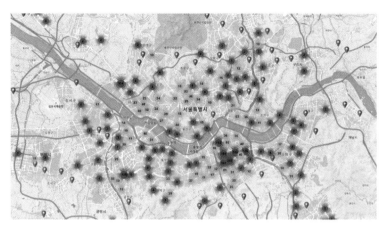

자료: 로켓펀치의 스타트업 지도(2017)

남시 분당구가 22%로 테헤란밸리와 판교 테크노밸리에 대한 선호
가 압도적인 것으로 나타나고 있습니다.

위의 자료는 스타트업 채용 정보 사이트 로켓펀치(www.rocket
punch.com)에서 제공하는 스타트업 지도입니다. 서울시 내 스타트
업 기업들이 위치한 곳을 표시했습니다. 원의 크기과 색깔, 숫자로
표시된 밀집 지역을 확인할 수 있습니다. 스타트업 기업이 가장 많
은 곳이 반포부터 삼성동까지 잇는 강남 업무 단지이고, 두 번째로
는 합정과 홍대 주변으로 신촌 대학가와 연계한 지역에 밀집되어
있습니다. 세 번째로는 여의도부터 가산디지털단지로 이어지는 업
무 지역과 소셜 벤처들이 자리 잡은 성수동입니다. 스타트업들은

어느 정도 안정기에 이르고 투자금 확보가 이루어지면 유니콘들과 IT, 게임 대기업들이 자리 잡은 강남의 테헤란밸리와 판교의 테크노밸리로 이동합니다.

이러한 새로운 산업의 움직임은 그 주변 거주지의 부동산 가치에 상당한 영향을 주고 있습니다. 그 결과 전통적인 명품 거주지인 강남, 여의도, 목동 외에도 마포구, 성동구, 경기 성남시, 광명시 등이 부동산 시장에서 인기 주거지로 부상하고 있습니다.

지금까지 투자하기 좋은 지역을 고르는 핵심 원리 두 번째인 희소성에 대해 알아보았습니다. 희소성은 부동산 입지의 등급을 매기는 중요한 원리이지만 그 희소성이 인정을 받으려면 반드시 실수요의 관심을 끌어야 합니다. 실수요가 어느 곳에 눈을 돌리는지 여부는 각 시도의 일자리 비율, 쇼핑·문화·교육과 같은 생활 인프라, 지자체의 도시개발계획, 미래 산업의 관심 지역 등을 통해 가늠할 수 있습니다.

생애 주기에 맞춰 상위 지역을 알아볼 때 희소성의 원리를 추가한다면 시장의 소음이 눈을 가릴 때 현혹되지 않고 냉정하게 가치를 평가할 수 있을 것입니다.

투자 지역 핵심 원리 3
환금성을 확인하라

부동산 시장이 본질적으로 매수자에게 유리한 시장인가, 매도자에게 유리한 시장인가 필자에게 묻는다면 망설임 없이 매수자에게 유리한 시장이라고 말하고 싶습니다. 집주인이 매물을 거두고 오른 가격에 배액 배상을 하며 계약해지를 하는 상승장에서는 이 말이 실감 나지 않겠지만 세상에 나오는 대부분의 상품들이 사는 건 쉬워도 팔기는 어렵듯이, 강남처럼 전국에서 수요가 몰리는 몇 군데를 빼면 대부분의 부동산도 사는 건 쉬워도 팔기는 어렵습니다.

그 이유가 무엇일까요? 매수자는 다음에 사거나 다른 걸 살 수 있는 선택지를 고를 수 있지만 매도자는 자신의 부동산을 파는 것

외에는 선택지가 없기 때문입니다. 유동성이 넘치는 초상승장에서
는 입지가 떨어지는 집에도 투자자들이 몰려오면서 제값 받고 팔
수 있는 차례가 오지만 그때를 제외하면 내 집을 찾는 사람은 그리
많지 않습니다. 그 소수의 사람도 충분히 여러 집을 보고 조금이라
도 싼 매물을 기다리는 경우가 대다수입니다. 침체기가 깊어지면
그마저도 발걸음이 뜸해지면서 매도자의 속을 애태웁니다.

그렇다면 상승장에서는 물론이고 정체기나 하락장에서도 내 집
이 팔리려면 어떻게 해야 할까요? 주변의 많고 흔한 돌들 속에서
홀로 빛나는 금과 같아야 눈에 뜨이고 선택을 받을 수 있을 것입니
다. 바로 투자하기 좋은 지역을 고르는 핵심 원리의 마지막인 환금
성입니다.

◎ 삽을 뜨지도 않은 호재로 오르는 곳은 피하자

환금성 있는 집이란 무엇일까요? 팔고 싶을 때 팔 수 있는 집이
바로 환금성 있는 집입니다. 수요와 유동성이 몰리는 상승장에서는
환금성이 있는 집과 없는 집, 모두를 팔 수 있어 구분이 모호해집니
다. 하지만 이 시기가 지나가면 환금성 없는 집은 투자자가 빠지고
매수세가 현저히 떨어집니다. 왜냐하면 이성을 찾은 사람들이 가격
대비 실거주 가치를 다시 생각하게 되기 때문입니다. 환금성 있는

집은 하락장이 와도 찾는 실수요가 꾸준하므로 가격이 급격하게 내려가지 않고 회복도 빠릅니다.

시장 상승기에는 사소한 호재에도 유동성이 민감하게 반응하면서 주변 부동산 가격에 불을 붙이고 그 일대 전반에 엄청난 투자수요를 불러옵니다. 특히 선거철이 다가오면 낙후된 지역의 민심을 달래고 표심을 얻기 위해 지자체장이나 국회의원들은 다양한 개발 호재들을 풀어놓습니다. 하지만 이러한 호재들은 입안된 것이 아니기 때문에 실제로 실현되기까지 10년 이상의 기간이 걸립니다. 그 와중에 대부분은 변경되거나 때에 따라서는 조용히 폐기되기 일쑤입니다.

예를 들어 지금도 여전히 논의 중인 수도권 광역급행철도(GTX)의 경우 그 최초 제안은 2009년 4월 14일에 당시 경기 도지사였던 김문수 지사가 추진한 것으로 2011년 4월 3일에 국토해양부의 제2차 국가철도망 구축계획으로 확정, 고시된 것입니다.

최초 제안 당시 GTX 추진 일정

- 2008년 4월~2009년 4월 수도권 신개념 광역교통수단 도입방안 연구용역(대한교통학회)
- 2008년 9월~2009년 3월 국토해양부 주관 서울·경기·인천 공동 TF 운영(6회)
- 2009년 4월 14일 GTX 국가계획 반영 건의

- 2009년 4월 30일 민간 컨소시엄(현대산업개발 등) 국토부에 민자사업 제안

- 2009년 9월 2일 동탄2 신도시 광역교통 개선대책에 광역급행철도 노선 반영(강남~동탄)

- 2009년 6월~2010년 9월 국토부 주관 GTX 타당성 조사용역(한국교통연구원)

- 2010년 4월 12일 서울·경기·인천 광역경제발전 MOU 체결

- 2010년 9월 1일 KTX 고속철도망 구축전략에 GTX 추진 반영

- 2010년 9월 10일 GTX 타당성 조사용역 결과 공청회 개최 (한국교통연구원)

- 2010년 국가철도망 계획 및 광역철도 지정고시

- 2011년 4월 3일 제2차 국가철도망 구축계획 확정 고시(국토해양부)

- 2011년 민간투자 심의, 우선협상 대상자 선정

- 2012년 협약체결, 실시계획 승인 및 착공

- 2017년 공사 및 준공

자료: 월간조선(2011.05),
심층취재-수도권 교통혁명 GTX "일산에서 서울 강남 삼성역까지 22분에 달릴 수 있다면…"

당시에 계획되었던 3개의 노선 중 2017년 착공을 시작한 A노선을 제외한 나머지 B노선과 C노선은 각각 2019년과 2018년에야 비로소 예비타당성조사를 통과했으니, 최초 호재가 발표된 이후 실제로 삽을 뜨기까지 얼마나 많은 기간이 걸리는지를 짐작해볼 수 있습니다.

경기 하락이 본격화하고 국가 경제, 특히 금융 시스템에 위기가 찾아오면 그 전에 넘쳐 흐르던 유동성은 난데없이 사라집니다. 동시에 유동성에 기대어 추진해오던 부동산 PF, 국책 사업, 지방 사업 등 할 것 없이 모든 것이 멈춥니다. 금융 위기 이후, 용산 업무 지구나 기지창 사업 등 많은 뉴스를 불러오던 대규모 사업들이 무기한 연기되거나 사업자 포기 등으로 좌초되었습니다. 당시 용산 업무 지구 발표가 나면서 호재를 믿고 서부 이촌동의 오래된 구축 아파트를 매입했던 많은 투자자들이 사업이 좌초되면서 투매를 일으켰고, 그로 인해 폭등하던 집값이 다시 폭락하면서 대출 부담을 견디지 못해 생을 마감하는 안타까운 사연도 일어났었습니다.

환금성이 없는 집을 피하려면 가격이 오르더라도 착공을 시작하고 완공 일정이 가시화된 지역에 실거주 투자를 해야 합니다. 확실하지 않은 호재보단 현재의 내재가치에 집중해야 합니다.

⊙ 집값이 오른 만큼 전세가가 따라와야 한다

상승장에서는 매수세가 몰리며 호가가 급격히 상승하고 전세가와 차이가 벌어지게 됩니다. 전세가 대비 매매가의 비율이 일반 아파트의 경우 70~80%, 재건축의 경우 50~60%이던 것이 상승장이 되면 40~60%, 재건축의 경우 40% 이하까지도 떨어집니다. 이렇게 전세가와 차이가 벌어지는 이유는 그동안 매매 시장에 진입하지 않았던 전세입자들이 집값 상승에 자극을 받아 매매 시장에 진입해서이기도 하지만, 적은 투자금으로 시세차익을 얻으려는 투자자들이 전세가와 매매가 간의 갭이 작은 물건을 찾아 매수하면서 호가를 올리기 때문입니다.

실거주 매매보다는 갭 투자자가 많은 지역에 가면, 매물은 집주인들이 거두어들이기 때문에 없는 것처럼 보이지만 전세 매물은 그렇지 않은 현상을 많이 보게 됩니다. 상승기에 나타나는 실수요와 투자수요가 분리되는 현상입니다.

투자자 이후 실거주 매매가 따라올지를 가늠하려면 전세가 상승 흐름을 주목해야 합니다. 전세는 100% 실거주를 목적으로 하기 때문에 지역의 호재보다는 거주환경 등 내재가치에 민감합니다. 예를 들어 위례나 광교와 같이 기존 구도심과 차별화된 생활 인프라가 있는 곳이나 새로운 거주 트렌드를 반영한 신축 아파트, 혹은 아이의 면학 분위기에 영향을 주는 학군 지역 등은 실거주의 차별성이 있기 때문에 시황에 관계없이 점진적인 전세가 상승이 일어납니다. 전세가의 지속적인 상승은 매매가를 밀어 올리면서 매매가와 전세가의 동반 상승을 이끌어냅니다. 이렇게 실거주 가치가 좋은 곳은 하락장에서도 전세가 상승이 매매가 하락을 어느 정도 방어해주고 매수를 원하는 실수요도 꾸준하기 때문에 환금성이 유지됩니다.

○ 금인지 돌인지는 부동산 하락기에 드러난다

환금성은 내가 팔고 싶을 때 팔 수 있는, 즉 현금화 가능성에 대한 기준입니다. 환금성이 좋은 부동산이라면 상승장에서는 높은 프리미엄으로 팔 수 있고 하락장에서는 급매를 통해 매수자를 잡을 수 있습니다. 상승장만 겪어본 사람들 입장에서는 하락장이 와도 급매로 내놓으면 다 팔리는 게 아닌지 반문할 수 있지만, 하락장이 오면 급매로 내놓아도 매수 문의가 아예 끊기기 때문에 매물만 쌓이고 팔리지 않습니다. 가격을 아무리 낮추어도 팔리지 않을 때의 그 고통은 겪어본 자만이 알 수 있습니다.

저는 개인적으로 환금성을 가르는 두 단어로 돌과 황금을 언급합니다. 돌이 오를 때의 이유는 입지 가치보다는 저평가란 명분으로 단기 매매를 노리는 투자자가 몰리기 때문입니다. 이유를 가리지 않고 모든 부동산의 가격이 오르는 초상승장에서는 돌과 황금이 구별 가지 않고, 때에 따라 상승 관성으로 돌이 더 수익이 좋은 경향도 나타납니다.

그렇기 때문에 이 시기가 오면 실력 없는 전문가라 하더라도 전세가 비율이 낮아 소액 투자가 가능한 아파트만 찍어주며 쉽게 초보 투자자들을 현혹합니다. 여기에 실현 가능성이 적거나 10년 이상 걸릴 수 있는 정치인의 공약이나 양해각서 정도의 개발계획을 들먹이면 시나리오가 완성됩니다. 그리고 나서 어설픈 투자자들의 추격 매수가 시작되면 2~3개월 전에 먼저 들어간 투자자들이나 그 동안 매도가 안 돼 마음고생했던 집주인들이 매도하고 빠져나갑니다. 하지만 상당수 집주인들은 드디어 가치를 인정받는 줄 알고 매물을 거두어들입니다. 그 뒤에는 길고 긴 마음고생이 다시 시작됩니다.

초상승기가 도래해 오랫동안 팔리지 않아 애를 먹였던 자신의 매물까지 매수세가 오면, 해야 할 것은 매물을 거두어들이는 것이 아니라 매물을 처분하고 생애 주기를 활용한 부동산 투자를 시작하는 것입니다. 이런 매도의 기회는 부동산의 10~15년 사이클 중 2~3년 정도만 오는 기회이기 때문입니다.

지금까지 부동산 초보의 어려움을 딛고 부동산 시장의 소음에 흔들리지 않는 법, 실거주 투자를 하기 위해 종잣돈 마련부터 생애 주기를 활용한 투자 방법, 그리고 투자하기 좋은 지역을 고르는 3가지 원리를 알아보았습니다. 부동산 시장에서 대중이 만들어내는 각종 소음은 부동산 투자, 특히 실거주 투자를 하는 데 눈과 귀를 막아 심리적으로 흔들리게 만듭니다. 결국 가치를 제대로 보지 못하고 오판하게 만드는 가장 큰 원인입니다.

이러한 소음에 방해받지 않고 성공하는 실거주 투자를 하기 위해서는 외적 요인이 아닌 내적 동기가 필요하며, 이는 나와 가족의 생애 주기에서 찾을 수 있습니다. 이러한 생애 주기를 동기 삼고 좋은 지역을 고르는 원리를 활용해 더 나은 입지로 가려고 계속 노력한다면, 확률적으로 쌀 때 사서 비쌀 때 파는 행위가 가능해집니다. 그 결과 나의 자산은 머피의 법칙을 이겨내고 무럭무럭 자라날 것입니다. 그리고 마침내 3장에서 알려드릴 내 집을 넘어 부자로 가는 선순환 투자를 할 수 있는 출발선에 설 수 있게 됩니다.

실거주를 위한 집과
투자를 위한 집은 다르지 않다

"제가 지금 ○○○을 매수(혹은 매도)할 계획을 하고 있는데요. 언제
사면(혹은 팔면) 될까요?"

블로그를 통해 이웃님과 소통을 시작하면서 쪽지나 메일을 통해
다음과 같은 문의를 받을 때가 많습니다. 이렇게 질문하는 이유는
자신이 매매하려는 부동산의 가치를 정확히 몰라 매매하는 시점이
싸게 매수하는 건지 혹은 제값 받고 매도하는 건지 확신이 서지 않
기 때문입니다. 저도 부동산 투자에 입문하던 시절에 같은 질문을
전문가들에게 많이 했는데, 대부분에게서 마치 답안지가 정해진 것
처럼 다음과 같은 대답을 받았습니다.

"실수요이시죠? 그러면 지금이 제일 쌀 때이니 지금 사세요. 투자이
신가요? 그럼 지금 가격은 부담스러우니 관망하세요."

이러한 대답을 뒷받침하기 위해 내 집 마련은 무조건해야 한다는 논리를 명분으로 내세우지만 저는 이 답이 참 맞지 않는다고 생각합니다. 실수요자와 투자자가 우리나라에서 투자자산으로서 집을 바라보는 시선은 동일하고 그렇기 때문에 집값에 대한 투자 시기와 지역별 판단도 동일할 것입니다. 그런데 절대 싸지 않은 혹은 투자 가치가 많이 소멸된 것 같은 지역을 두고 실수요자에게는 사고 투자자에게는 사지 말라고 말하는 것은 앞뒤가 맞지 않습니다. 실수요자의 돈이나 투자자의 돈이나 투자금은 모두에게 소중한 것이고, 오히려 실수요자가 더 많은 자금을 써야 하니 더 신중하게 골라야 하는데 말입니다.

실거주하기에는 좋은데 투자 가치는 없다면 실거주를 해야 할지 한 번쯤은 고민해봐야 합니다. 반대로 살기에는 여건이 좋지 않지만 미래에 확실한 개발 등으로 투자 가치가 있다고 판단한다면 미래의 실거주를 위해 미리 사두는 게 맞습니다. 이것을 너는 실거주이기 때문에 투자 가치가 없어도 살기 좋으면 가서 살아야 하고 나는 투자자이기 때문에 이 판에서는 빠져야 한다고 판단하는 것은 잘못되었습니다.

일부 전문가는 남들 다 아는 전국구 명품 지역만 언급하면서 투자 가치가 있는 곳이니 지금이라도 들어가라고 말을 합니다. 투자 가치가 없는 지역을 찍어서 사게 만드는 것도 문제지만 이렇게 남들 다 아는 지역을 계속 우려먹는 것도 전문가라 하기 어려울 것입니다. 오죽 지역을 발굴할 능력이 없으면 그러겠습니까? 혹은 본인만 알고 있는 매물을 남겨두려고 그러는 것일 수도 있겠지만 부동산은 남들이 알아봐줄 때 저평가에서 벗어나서 제 가치를 드러낼수 있습니다. 아무리 저평가라 한들 남들이 몰라봐주면 그건 그냥싼 가치일 뿐입니다.

실전 투자자로서 시장의 다이내믹함을 체험해본 사람은 남에게본인이 투자하려는 지역을 권장할 때 굉장히 조심합니다. 이유는 매매 기술은 알려줄 수 있지만 본인의 마음에 드는 지역이 남에게도맞는 지역인지는 확신할 수가 없기 때문입니다. 부동산 시장이라는게 기계 조립처럼 정해져 있는 것이 아니기에, 시장 참여자의 다양한 사정에 따라 같은 부동산이라도 누구에게는 값어치가 있겠지만누구에게는 아닐 수 있습니다. 다른 이의 투자에 개입하다가 송사에휘말리는 사례가 연일 뉴스에서 나오는 것도 같은 이유입니다.

그렇다면 실거주와 투자를 만족하는 곳을 스스로 알아보려면 어떻게 해야 할까요? 2장을 통해 다양한 기준으로 그 방법을 설명했지만, 어떤 방법이든 마지막에는 현장을 가서 걸어 다니면서 눈으로 확인하는 것이 필요합니다. 인터넷을 통한 정보 검색이 아무리발전했다 하더라도 부동산은 지역성이 강하기 때문입니다.

내가 사는 동네는 다 편해 보이고 좋아 보이기 때문에 덜 오르는이유를 이해하기가 어렵습니다. 하지만 동네마다 가격이 다른 것이엄연한 사실이고 이것은 살아본 사람만이 아는 미세한 차이에서 옵니다. 강남 복부인이라는 우스갯소리도 알고 보면 대한민국에서 제일 좋다는 동네에 살아본 경험과 기준을 가지고 투자처의 입지적 장단점을 빠르게 파악해서 성공했기에 나온 말이 아닐까 합니다. 고기도 먹어본 놈이 좋은 고기를 아는 것처럼 말입니다.

내가 사는 동네가 정말 경쟁력 있는 동네인지 아닌지 알려면 그보다 비싼 동네 가서 살아봐야 합니다. 진짜 동네가 좋아서 비싼 건지 아니면 아파트만 새것이라서 비싼 건지 말입니다. 살아보는 것이 여의치 않다면 본인보다 비싼 동네에 사는 친구를 초대해서 같이 동네를 걸어보며 장단점을 비교해보면 됩니다. 그리고 하나씩 깨닫고 옮겨가다 보면 점점 더 나은 실거주 투자를 하게 되고 나의 자산은 탄탄해집니다. 선무당 따라서 엉뚱한 곳을 사놓고 기우제를 지내지 않고도 말입니다.

부동산 시장의 소음을 만들어내는 것은 투자자의 심리이기 때문에 많은 전문가들이 전망을 내놓아도 맞추는 사람은 많지 않습니다. 산업 경제 기반이 어려워지면서 부동산 시장이 침체한 지방 도시들도 불과 5년 전에는 주택 시장이 활황이었다는 사실이 이를 잘 말해줍니다. 이렇게 전문가들도 어려워하는 것이 시장의 심리이기 때문에 실거주 투자자들이 이 변덕스러운 심리를 쫓아가면 투자하는 것은 확률적으로 성공보다는 실패할 가능성이 큽니다. 제가 생애 주기에 집중한 투자를 강조하는 이유입니다.

PART 3

부자되기 2단계,
내 집을 넘어
부자로 가는 선순환 투자

내 집 마련을 넘어
부동산 투자를 지속해야 하는 이유

성공적인 실거주 투자를 해서 살기 좋고 투자 가치도 좋은 거주용 부동산을 마련했다고 하더라도 부자가 된 것은 아닙니다. 부자가 된다는 것은 경제적·시간적 자유를 누릴 정도의 부를 이루었다는 의미이기 때문입니다. 부자가 되기 위해선 실거주 외에 추가적인 투자소득이나 사업소득을 통해 노동하지 않고도 여유 있는 생활이 가능할 정도로 부를 이루어야 합니다. 3장에서는 내 집을 넘어 부자로 가기 위해 먼저 실거주 투자를 넘어 전문 투자자가 돼야 하는 이유를 설명하고 부동산 선순환 투자 시스템을 통해 어떻게 부자의 초입에 설 수 있을지 그 방법을 알려드리고자 합니다.

○ 경제적 자유와 퍽유 머니

퍽유 머니(F.U. Money)
퍽~유(Fuck you)를 날리고 거절할 수 있을 정도의 여윳돈

2009년에 댄 로크(Dan Lok)라는 저자가 본인의 동명의 저서에서 처음 언급한 말입니다. 저서에서 제시한 원문 그대로를 해석하면 "당신이 절실히 원하는 만큼 돈을 만들고 당신이 절실히 바라는 당신의 삶을 살아라!"로 해석할 수 있습니다.

직장인이든 자영업자이든 누구나 꿈꾸는 것이 바로 경제적 자유입니다. 하지만 이 경제적 자유를 이루려면 과연 얼마만큼 돈을 가지고 있어야 하는지 분명하지 않습니다. 10억 원이라는 사람부터 100억 원은 있어야 한다는 사람까지 그 기준이 다양합니다. 때에 따라서는 많이 회자되는 부자의 기준과 겹치기도 합니다. 부동산 시장이 달아오르는 상승기에는 부동산 부자의 기준으로 경제적 자유를 논하기도 합니다.

경제적 자유라는 주제로만 한정해서 본다면 이 퍽유 머니는 구체적이고 좋은 기준이 될 수 있습니다. 이해를 돕기 위해 저자가 제시한 정의를 토대로 경제적 자유에 대한 몇 가지 Yes 혹은 No 질문을 만들어보겠습니다.

- 지속적인 퍽유 머니가 생성되지 않은 부동산을 가진 자산가는 과연 경제적 자유를 쟁취했다고 볼 수 있을까?
- 부동산 자산은 없지만 내가 원할 때 퍽유 머니를 만들어낼 수 있는 수단이 있다면 과연 경제적 자유를 쟁취했다고 볼 수 있을까?

좀 더 구체적인 예를 들어보겠습니다. 30억 원의 33평 실거주 주택을 가지고 있으며 매일 격무에 시달리는 연봉 1억 원 직장인과 노트북 하나면 언제 어디서든 원하는 때 하루 4시간 정도 일해서 매월 1천만 원의 현금을 만들어낼 수 있는 무주택 프리랜서가 있습니다. 자산가의 기준으로 보면 부자이자 선망의 대상은 당연히 30억 원짜리 내 집을 가지고 있는 직장인일 것입니다. 그렇다면 경제적 자유를 얻은 사람은 누구인가요? 언뜻 결정을 내리기가 쉽지 않을 겁니다.

요즘 초등학생의 장래희망 1위인 건물주가 되면 경제적 자유를 획득한 사람일까요? 처한 상황에 따라 건물주라도 경제적 자유를 얻은 사람일 수도 있고 아닐 수도 있습니다.

예를 들어 다가구주택이나 고시원을 직접 운영하는 건물주라면 수시로 나오는 소방시설 점검 등 건물을 관리하고 세입자 민원을 해결하는 등 드러나지 않는 근로를 은근히 많이 합니다. 그러다 보니 노후 대책으로 다가구주택을 매수했다가 얼마 못 가 다시 내놓는 사람도 꽤 됩니다. 세입자를 상대하는 스트레스가 큰 반면 세금을 떼고 대출이자를 내고 나면 월세 수익률이 매입가 대비 적은 경우가 많기 때문입니다.

근로시간과 스트레스로 따지면 오히려 앞서 언급한 프리랜서가 경제적 자유의 측면에서 직장인이나 건물주보다 나은 삶을 살고 있다고 볼 수 있습니다. 실제로도 어느 정도 입지를 굳힌 온라인 마케터나 온라인 카페지기 중에는 이러한 디지털 노마드(Digital nomads; 원격으로 일하고 독립적인 삶 및 유목민적인 라이프 스타일을 위해 기술을 활용하는 개인)의 삶을 사는 사람이 여럿 있습니다.

부자가 된다는 것은 자산가와 경제적 자유인이 동시에 되는 것이라는 점에서, 자산가가 되는 것과 경제적 자유를 이루는 것은 동전의 양면과 같습니다. 그렇다면 자산가도 되면서 경제적 자유를 얻기 위해선 어떻게 해야 할까요?

자산가가 되기 위해선 자산이 있어야 하고 경제적 자유를 얻기 위해선 시간 소비와 스트레스를 최소화하면서 얻을 수 있는 현금 흐름이 필요합니다. 이 두 가지를 동시에 잡기 위해선 내가 소유한 유형자산인 부동산을 늘리고 신경을 많이 쓰지 않아도 스스로 실질적인 현금 창출이 가능하도록 말랑말랑하게 만들어서 선순환시켜야 가능합니다. 이번 장에서 소개할 부자로 가는 선순환 투자가 바로 이 질문에 대한 답입니다.

● 부자의 눈을 가지려면 1주택자를 넘어서야 한다

'나에게 부동산은 무슨 의미일까?'라고 생각해본 적이 있습니다. 왠지 모를 자신감이 붙기도 하고 직장에서 어려운 일이 있어도 웃어넘기는 여유가 생긴 것도 같습니다. 물론 이 순간에도 부자가 되기 위해 열심히 노력하고 있고 매월 나오는 급여가 그렇게 소중할수가 없습니다만, 지금 자산들을 잘 지키기만 해도 돈의 가치 하락과 반비례해 노후에는 노동하지 않고도 살 수 있을 정도는 된 것 같습니다.

이러한 여정을 오기까지 참 많은 서적을 탐독했습니다. 초기에는 부자가 세상을 바라보는 눈, 즉 관점을 알고 싶어서 부자 따라 하기나 부자는 이렇게 바라보고 투자한다는 식의 서적을 많이 보았습니다. 그중에는 좋은 내용이 담긴 책도 많았습니다만 어떤 책은 현실감이 떨어진다는 느낌을 받기도 했는데, 이후 부동산 투자의 경험이 쌓이고 부자의 길목에 서기 시작하면서 이유를 알 수 있었습니다. 현실감 없는 책들의 공통점은 바로 부자가 쓴 게 아니고 부자를 컨설팅해주는 월급쟁이 전문가들이 쓴 글이었다는 깃이었습니다. 저자는 옆에서 간접 체험한 내용을 부자가 아닌 사람의 관점, 즉 편견이 들어간 상태로 글로 적었습니다. 부자라는 결과만 알고 그 상세 과정에서 어떻게 부자의 관점을 가지게 되었는지를 이해하지 못하다 보니 뜬구름 잡는 내용이 나올 수밖에 없었던 것입니다.

그렇다면 어떻게 해야 부자의 눈, 부자의 관점을 가질 수 있을까요? 진짜 부자가 쓴 글을 읽으면 되는 것일까요? 단도직입적으로 말씀드리겠습니다. 자산이 많아지고 다양해질수록 자연스럽게 부자의 눈으로 세상을 바라보게 됩니다. 제 경험담을 통해 좀 더 자세히 설명하겠습니다.

처음 부동산 투자를 접한 것은 2007년이었습니다. 사회생활 4년 차였던 저는 결혼 후에 살 집을 마련하자는 어머니의 조언에 따라 당시 강남 사람들이라면 한 번씩 눈여겨보았던 성남 재개발 빌라를 매입했습니다. 뉴타운 사업 붐을 타고 수도권 전역에서 재개발 사업이 활발히 진행되고 있었고, 매입한 지역은 매입 후 사업시행인가가 바로 났기 때문에 곧 분양이 이루어져 새집에서 신혼 생활을 할 수 있을 것이라고 판단했습니다. 하지만 곧 금융 위기가 터지고 성남시의 모라토리엄(Moratorium, 지급 연기) 선언과 LH의 사업 포기가 이어지며 사업이 무기한 중지되었습니다.

매매한 가격에서 -50%가 폭락한 채로 신혼을 맞은 저는 부동산 투자의 단맛보다 쓴맛을 먼저 보게 되었습니다. 이 재개발 빌라 덕분에 신혼부부 특별공급 분양도 신청하지 못하고, 연말정산 때 원리금 이자에 대한 절세도 못 받을 뿐만 아니라, 거주하지도 못하는 집이지만 1주택자인 관계로 보유세는 매년 나오는데, 매수 수요가 없어 팔지를 못하다 보니 갈아탈 수도 없었습니다. 또 투자금이 묶이면서 강남 대치동에 살다가 신혼 전세를 뜻하지 않은 먼 곳에서 시작하게 되어 자존심도 상했었습니다. 게다가 아내가 임신해 회사를 그만두고 저 역시 사회 경력이 짧다 보니 급여는 빠듯했습니다. 그때의 제 눈은, 부자의 눈은 고사하고, 총각 때 얕은 지식으로 투자자 흉내를 냈다가 망해버린 것 같아 스스로 한심하게 보았습니다.

그러다가 이러면 안 되겠다고 생각한 계기가 있었습니다. 집주인이 계약 기간을 몇 개월 앞두고 갑자기 이사 비용을 줄 테니 나가라고 통보한 일이었습니다. 지금은 「주택임대차보호법」이 잘 되어 있고 법조문을 찾아보기가 쉬워 부당한 처사를 당하는 일이 드물지만, 그 당시만 해도 관련 법도 찾기 힘들고 집주인이 나가라면 나가야 하는지 알던 시절이었습니다. 어이가 없고 화도 났지만 더럽고 치사해서 이왕 이렇게 되었으니 차라리 집을 사자고 마음먹었습니다.

처음으로 실거주 집을 사려고 하니 정말 신경 쓸 게 많았습니다. 계약금 마련을 위해 난생처음 마이너스 통장을 개설해보고, 부동산 중개소 사장님을 따라 이 집 저 집 드나들며 집 보는 요령도 배우고, 종잣돈 마련을 위해 이직을 불사하며 퇴직금도 받고, 주택담보대출을 받으려고 이 은행 저 은행을 뛰어다니고, 날짜 맞추느라 심장도 쪼여보고, 잔금 치르는 날 큰돈을 적은 수표를 들고 차에 타면서 벌벌 떨기도 했지만, 기분은 너무 좋았습니다. 첫 번째는 집주인에게 여기 보라는 듯이 한 방 날린 것 같은 기분이었고, 두 번째는 결혼한 친구들이 살고 있는 동네로 간다는 소속감 때문이었습니다. 무엇보다도, 그때는 몰랐지만 아파트를 보는 기본 방법을 배우고

'착한 대출'에 대해 알게 되면서 희미하게 부자의 눈을 뜨기 시작했습니다.

부자의 눈은 지역의 핵심지로 갈아타면서 조금 더 떠졌습니다. 처음 분당에 들어올 때만 해도 들어오는 것만으로도 좋았지만 살아보니 더 좋은 입지가 눈에 보이기 시작했습니다. 당시 처음 실거주 집을 마련한 곳도 회사에서 가깝고 산책로도 잘 되어 있고 쇼핑하기도 좋았지만, 아이가 유치원을 들어갈 때가 되니 자연스럽게 교육을 생각하면서 다른 관점으로 부동산을 보기 시작했습니다.

그때부터 갈아타기 위해 당시 사는 집 시세와 옮겨가고자 하는 집 시세 흐름, 동네의 온라인 커뮤니티 등을 파고들었습니다. 그러다 꽤 오른 소형 평당 시세를 보면서 '곧 중형의 시대가 오겠구나.' 하는 생각이 들었습니다. 당시만 해도 1인 가구 증가로 84m² 이상은 다 망할 거라던 이야기가 회자되던 때였습니다. 하지만 살던 동네 친구 엄마들이 하나둘씩 유치원을 기점으로 학군이 좋은 곳으로 옮기는 걸 보면서, 그리고 그런 학군 지역은 84m²가 제일 많다는 걸 알게 되면서 확신이 들었고 실행에 옮겼습니다. 좋은 입지를 보는 눈은 그렇게 생애 주기에 따라 사람들이 어디로 몰리는지 보고 부동산을 갈아타는 경험으로 완전히 떠졌습니다.

부자의 눈은 아파트를 2채, 3채 늘려가면서 투자자의 눈으로 조금 더 커졌습니다. 학군이 같은 단지에서도 역에 좀 더 가까운 이유로, 아파트 관리가 잘 된다는 이유로, 빌라촌에서 좀 더 떨어져 있다는 이유로, 아파트 구조가 좋고 지하 주차장에서 바로 올라갈 수 있다는 이유로, 몇억 원의 가격 차이가 나는 걸 보기도 했습니다. 침체기에 매물을 골라가며 매수하기도 하고, 상승기에 보지도 않고 계약금부터 보내면서 매물을 잡아보기도 하고, 팔고 나서 허전함을 달래도 보면서 부동산 상승과 침체기 흐름도 자연스럽게 알게 되었습니다. 끝까지 가지고 있던 -50%였던 성남 재개발이 재개되고, 총회에 참석해서 건설사 선정도 하고 평형 신청도 해보고 두꺼운 개발 책자도 받아보고 하면서 재개발 과정을 이해했습니다. 그러면서 언제 샀다가 파는 게 좋은지 알게 되면서 투자자의 눈을 키울 수 있었습니다.

부자의 눈은 다주택자가 되고 수익형 부동산에 투자하면서 더 밝아졌습니다. 정부 정책에 대응하기 위해 다양한 세법과 부동산법에 대해 자의 반 타의 반 공부하게 되면서 점점 세상이 만들어주는 기회가 눈에 들어왔습니다. 그리고 눈에 보이기 시작한 기회를 잡기 위해 지속적인 투자금을 만들 수 있는 부동산 선순환 포트폴리오에 관심을 가졌습니다. 본격적인 자산가의 눈을 가지게 되면서 어떻게 하면 내 자산을 안정적으로 늘리고 가성비 좋게 만들 수 있을까 고민하며 응용력을 키우는 공부를 했습니다. 그 와중에 환율, 채권, 금리, 세계경제의 흐름 등 경제를 바라보는 시각도 폭넓어졌습니다.

지금까지 필자의 사례를 통해 부자의 눈이 자산의 증가와 어떤 관계가 있는지를 이야기했습니다. 앞서 말씀드렸지만 아직 부자의 초입에 있고 부자의 눈을 완전히 뜨기까지 더 많은 여정이 기다리고 있습니다. 여기에서 제가 이야기하고 싶은 점은 자산을 지키고 부를 늘리는 부자의 눈, 자산가의 눈은 책을 몇 권 읽는다고 해서 얻는 것도, 하루아침에 로또 1등에 당첨됐다고 해서 갑자기 생기는 것도 아니라는 것입니다. 부자의 눈은 처음 종잣돈을 시작으로 실거주 투자를 하고 또 그 이상으로 하나씩 자산을 늘려나가면서 처하는 새로운 상황에서 고민하고 공부하면서 서서히 떠지는 것입니다. 그 과정에서 알게 되는 무궁무진한 기회와 그것을 잡아가는 희열을 느끼다 보면 자기도 모르는 새 어느덧 평범한 서민의 눈에서 부자의 눈으로 세상을 다르게 바라보고 있을 것입니다.

부를 이끄는 부동산 선순환 투자 시스템

필자가 가지고 있는 자산 중 실거주 집의 비중은 25% 정도이고 나머지는 시세차익형과 수익형 부동산이 혼합된 투자용 자산입니다. 처음 시작한 당시에는 실거주 투자가 전부였지만, 이후 지속해서 자산을 늘려갈 수 있는 구성을 고민했습니다. 조금씩 눈덩이를 굴리듯이 이룬 자산 형성 과정에서 어떻게 위험을 최소화하면서 자산을 만들어나가고 돌려야 할지를 알게 되었습니다. 이어지는 글을 통해 알려드리는 자산의 선순환 투자는 레버리지를 극대화해서 순식간에 수십 채를 매입하는 화려한 무용담이나 기술과는 거리가 멉니다.

필자도 처음에는 다양한 무용담을 접하고 나서 열정을 불타올라 강의도 듣고 무릎도 쳐보고 따라다니면서 지역 탐방도 해봤지만, 막상 투자하려 하니 생업과 병행하기엔 무리인 경우가 많았습니다. 내가 사는 동네도 확실히 알기 어려운데 전국을 몰려다니며 투자한다는 것도 미덥지 않고, 이자까지 계산한 대출 계획을 세운다고 하지만 마치 도미노처럼 짧은 기간 안에 다량의 집을 아슬아슬하게 부채를 짊어지고 매입한 후 오르기를 기다리는 것도 집 한 채부터 시작하는 일반 사람이 하기엔 위험해 보였습니다.

게다가 부동산의 어두운 면부터 경험한 제 입장에서는 한 번 잘못 선택하면 부동산으로 부자 되기는 고사하고 나락으로 굴러떨어진다는 것을 잘 알다 보니 좀 느리더라도 신경 쓰지 않을 정도로 탄탄한 자산을 만드는 방법을 고민했고, 마침내 그 정의를 내릴 수 있게 되었습니다.

⊙ 자산의 선순환 투자와 현금 흐름 갖추기

부자로 가는 자산의 선순환이란 시장의 파도에 강한 환금성 좋은 최초 자산이 돈의 가치 하락에 따라 자연스럽게 가치가 오르는 동시에, 지속적인 투자금을 만들어주면 이를 기반으로 매입한 추가 자산들이 다시 투자금을 불리고, 스스로 가치가 올라가면서 전체 자산이 지속해서 늘어나는 순환 상태를 말합니다. 이러한 순환 과정에서 중요한 건 부동산 자산으로부터 나오는 민원에 소비하는 시간과 스트레스를 최소화해 나의 시간은 온전히 투자에 집중할 수 있게 만드는 것입니다. 투자에 집중하지 않으면 선순환 투자에 필수적인 질 좋은 자산을 매입하기가 어려워 금방 멈춰버리거나 쪼그라들기 때문입니다.

이러한 선순환 부동산 투자에서 가장 중요한 건 입지도, 화려한 매매 기술도 아닌 마르지 않는 현금 흐름을 갖추는 것입니다. 개인적으로 최초 부동산 투자가 금융 위기와 맞물리면서 수년간 투자금이 묶이고 퇴직금 등을 통해 어렵게 모은 종잣돈 중 일부를 주식으로 날리면서 투자의 암흑기를 보낸 경험을 통해 마음에 새긴 전제 조건입니다.

실거주를 포함해서 본격적인 투자까지 부동산 매수에 뛰어드는 가장 큰 계기는 무엇일까요? 아이들이 커가면서 살 집을 구하고자 혹은 시장이 상승하기 때문에 등등 저마다 조금씩 다를 것입니다. 하지만 공통적이고 가장 단순한 이유를 말하면 바로 내가 부동산에 관심이 있을 때 마침 어디서 목논이 생겼기 때문입니다. 하필 돈이 생겨서 부동산 투자를 하든, 너무 사고 싶은 부동산이 있어서 돈을 끌어오든지 간에 투자 열정을 불러일으키고 관심을 끌게 하는 가장 큰 불쏘시개는 바로 투자금입니다.

부동산 투자를 잘하기 위해선 지속적으로 공부해야 하지만 막상

돈 없이 하는 부동산 공부는 재미가 없습니다. 많은 분들이 내 집 마련을 결심하고 공부를 시작하면서 주요 아파트 단지 약어를 외우고 입지, 입주권, 분양권과 같은 용어들을 접하고 다양한 매매 기술들을 습득합니다. 어느 정도 익숙해졌다 싶으면 슬슬 시장을 전망하고 훈수도 두면서 본격적으로 링에 오를 채비를 합니다. 그리고 거사를 치르고 축하를 받습니다. 그렇게 본인이 가진 투자금을 소진하고 나서 얼마 동안은 지역 홍보도 하고 공부도 하지만 결국은 점점 시장에서 관심이 멀어집니다. 그리고 다시 생업으로 돌아갑니다.

얼핏 보기에는 생애의 중요한 행사가 끝났고 나의 임무는 완수했기 때문에 자연스러운 현상으로 생각할 수 있지만, 문제는 아직 부자가 되지 못했다는 것입니다. 만족할 만한 부를 일구려면 이러한 이벤트를 몇십 번은 더 해야 하는데 다시 종잣돈을 모이기 쉽지 않다 보니 투자와 공부를 멈추고 자연스럽게 관심이 없어집니다. 그리고 다시 근로소득에 전부를 의존하게 되면서 경제적 자유는 꿈으로 남게 됩니다.

자, 그렇다면 부자라는 최종 목표에 도달할 동안 나에게 끊임없는 동기부여를 해줄 마르지 않는 투자금을 얻을 방법이 필요합니다. 과연 어떻게 해야 만들 수 있을까요? 월급으로 다시 종잣돈을 마련하기에는 요원한데 말입니다.

○ 3단계 자산으로 만드는 선순환 투자 모델링

자산 선순환 투자 모델링은 3단계의 자산으로 구성되어 있습니다. 가장 핵심 자산인 뿌리(Root) 자산, 그 뿌리 자산에서 나오는 투자금으로 더 큰 투자금을 만들어내는 줄기(Stem) 자산, 줄기 자산을 통해 불린 투자금으로 경제적 자유를 만들어내는 잎(Leaf) 자산입니다. 이렇게 구성된 선순환 투자 모델의 각 자산은 동시에 돈의 가치 하락에 맞물려 자산 가격이 올라가는 상품으로 구성됩니다. 이러한 시스템을 통해 최종 잎 자산에서 나오는 월세는 처음에는 경제적 자유를 이루는 목적으로 쓰이다가 그 이상 넘어가는 잉여 단계에 이르면 재투자를 위한 투자금으로 순환됩니다.

경제적 자유를 위한
'잎 자산'

투자금을 불리기 위한
'줄기 자산'

최초의 투자금
'뿌리 자산'

뿌리(Root) 자산

뿌리 자산은 지속적인 투자를 위한 최초 투자금을 만드는 원천입니다. 부동산 시장의 변화에 흔들리지 않고 주기적인 목돈을 만들 수 있어야 합니다. 최초 투자금은 이자 지급이나 대출 기한처럼 시간이나 금전 압박을 받지 않는 완전무결한 현금을 의미합니다.

뿌리 자산에 적합한 상품은 전세금을 올려 받을 수 있으면서 실수요가 풍부한 입지에 있는 비교적 건축 연한이 짧은 아파트입니다. 상승장에서는 매매 수요에 의해 자산 가격이 오르고, 하락장에서는 전세 수요에 의해 전세 가격이 오르는 상품이어야 합니다. 실수요가 풍부한지는 전세가의 점진적인 상승 흐름으로 파악할 수 있습니다. 생애 주기상 가장 긴 전세 기간이 필요한 학부모 수요가 몰리는 곳이 뿌리 자산을 확보하기에 유리합니다. 뿌리 자산은 대출이 없어야 하며 임대주택사업자의 임대료 상한선 5%를 기준으로 2년에 한 번씩 받는 전세금의 합이 최소 1억 원 정도가 될 때까지 지속해서 확보할 필요가 있습니다.

뿌리 자산은 상위 자산을 위한 투자에 실패했을 때도 다시 도전할 수 있는 최초 투자금을 만들어줘야 하므로 줄기 자산이나 잎 자산과 권리관계로 묶이지 않도록 주의해야 합니다. 안정적인 임대와 장기 투자 기간이 수반되는 자산의 특성상 다세대주택과 같이 관리사무소를 운영하지 않는 상품은 시설물 수리 등 임차 관리에 신경쓸 부분이 많아 권장하지 않습니다.

줄기(Stem) 자산

줄기 자산은 뿌리 자산으로부터 받은 최초 투자금을 불리는 역할을 합니다. 그렇기 때문에 줄기 자산의 주 형태는 1억 원 이하 소액으로 할 수 있는 시세차익형 상품입니다. 재개발, 분양권, 전세 낀 아파트의 일반 매매나 경매를 통한 매매 후 양도차익을 얻을 수 있어야 합니다. 줄기 자산은 상위 자산인 잎 자산을 만들기 위한 자산이므로 3년 이내의 중·단기 보유 후 매도하는 전략이 필요합니다. 투자의 기간이 길지 않기 때문에 위험 요소가 적고 지속적인 가격 모니터링이 가능한 부동산 상품에 투자해야 합니다.

잎(Leaf) 자산

잎 자산의 목적은 경제적 자유를 위한 월세 창출에 있습니다. 그렇기 때문에 오피스텔, 상가, 다가구주택 혹은 지식산업센터와 같은 월세수익형 상품으로 구성되며, 일반 매매나 경매를 통해 매입할 수 있습니다. 월세수익형 상품의 매매가는 월세 금액과 수익률에 따라 결정되기 때문에 매입 시 반드시 주변의 월세 수준을 미리 파악해서 적정 매입가를 확인해야 합니다. 월세형 부동산은 인근의 경쟁 업종이나 신규 부동산, 건물 노후도에 따라 월세가 점진적으로 하락합니다. 그러므로 적절한 시기에 매도하고 갈아타면서 자산의 가치를 유지하는 것이 필요합니다.

필자 역시 같은 방식으로 자산의 선순환 투자를 진행하고 있습니다. 뿌리 자산은 지속적인 전세금 인상이 가능한 지역의 대표 학군지에 위치합니다. 이 자산을 처음 매입할 당시의 종잣돈은 퇴직 위로금이었습니다. 그리고 이 자산에서 나온 소액 투자금과 대출을 활용해 재개발 지역 투자를 통해 돈을 불려왔고, 그렇게 만든 2차 종잣돈으로 오피스텔 및 상가 투자를 진행하거나 계획 중에 있습니다. 그사이 뿌리 자산에서 전세 재계약을 통해 1차 종잣돈이 다시 들어오고 있습니다.

여러분도 자신의 상황에 맞춰 각자의 마르지 않는 투자금 시스템을 만들 수 있습니다. 단기간에 할 필요도, 무리하면서 급하게 서두를 필요도 없습니다. 일단 뿌리 자산부터 시작하고 나면 그다음부터는 자연스럽게 선순환의 바퀴가 돌면서 투자가 훨씬 즐겁고 다양해지고 재미있어집니다. 그러면서 부동산 투자의 지식이 쌓이고 자신도 모르는 새에 부자를 향한 입구에 서게 됩니다.

선순환 투자를 위한
대출 활용하기

다른 부동산 투자와 마찬가지로 선순환 투자를 하기 위해서는 레버리지 활용이 매우 중요합니다. 특히 대출은 나의 신용과 자산을 담보로 만들어낼 수 있는 레버리지 수단으로 그 시기와 규모를 자신이 정할 수 있다는 점에서 유용합니다. 그리고 상승장에서는 높아진 자산 가격으로 인해 더 많은 대출을 이끌어내어 투자를 확장할 수 있고, 하락장에서는 자산 가격 하락으로 인한 자금 경색을 방어해줄 수단이 됩니다. 당연히 시장의 기회를 놓치지 않으려는 투자자들이라면 필연적으로 활용하게 됩니다.

그렇다면 어떻게 해야 대출을 제대로 받을 수 있을까요? 이번 글에서는 대출을 받기 전 미리 해야 할 준비 사항을 알려드리겠습니다.

● 대출도 사전에 준비할 것이 있다

대출을 받으러 가면 가장 먼저 조회하는 것이 신용등급입니다. 신용등급은 대출 자격과 한도, 금리에 큰 영향을 끼치기 때문에 등급이 낮다면 상위 등급으로 올리기 위해 노력해야 합니다. 신용등급은 금융기관과의 신용 거래 실적에 따라 정해집니다. 주요 기준은 다음과 같습니다.

- 연체 이력: 연체 금액이 크고 기간이 길며 횟수가 많을수록 불리
- 거래 기간: 연체 없이 대출, 카드, 보험 등 신용 거래 기간이 길수록 유리
- 금리 수준: 고금리 대출 거래 비중이 클수록 불리

과거에는 신용정보 조회 수도 등급 기준에 포함되었으나 지금은 평가에 반영하지 않습니다. 신용등급을 조회하려면 나이스 지키미(www.credit.co.kr)나 올크레딧(www.allcredit.co.kr)에 방문합니다. 1년 3회, 총 6번까지 무료 열람이 가능하니 필요할 때 이용하면 됩니다. 최근에는 카카오뱅크나 토스 등 인터넷 은행을 통해서도 손쉽게 조

회가 가능합니다.

신용등급을 올리는 방법은 위의 기준과 금융기관 입장에서 생각하면 쉽게 알 수 있습니다. 예를 들어 만기가 길고 대출금 회수가 용이한 담보대출보다는 만기가 짧고 담보물이 없는 신용대출이 부실 가능성이 크므로 이를 먼저 갚을수록 신용등급은 올라갑니다. 연체는 절대 해서는 안 되며 연체가 있다면 금액이 크고 금리가 높으며 기간이 긴 것부터 상환해야 합니다. 신용등급은 기본적으로 신용 거래 이력이 있어야 생기기 때문에 카드나 보험 등 신용 이력을 만들 필요가 있습니다. 대신 신용카드 사용 시 한도를 넉넉하게 잡고 한도의 50% 이하로 사용하는 것이 좋으며, 현금서비스는 사용하지 않는 것이 좋습니다.

대출 가능 한도를 미리 확인하자

대출 신청 시 은행에서 대출 가능 한도를 확인해주지만, 투자 계획을 세우려면 자신의 대출 가능 한도를 사전에 확인해볼 필요가 있습니다. 대출 가능 한도는 4가지 기준으로 정해지는데 다음과 같습니다.

LTV　　　주택담보 인정 비율로 주택의 담보로 얼마까지 받을 수 있는지를 정하는 기준입니다. KB시세를 기준으로 산정하며 정부의 부동산 정책을 통해 지역별 상한선이 정해집니다. 2020년 2월 20일 부동산 대책 이후 기준으로 투기 및 투기과열 지구는 40%(9억 원 초과~15억 원 이하분 20%, 15억 원 초과 시 주택담보대출 금지), 조정대상지역은 50%(9억 원 초과분 30%)이고, 비규제지역은 개인 70%, 사업자는 80%입니다(2020년 6월 17일 부동산 대책으로 모든 지역 주택 매매 및 임대 사업자에 대해 주택담보대출이 금지됨).

DTI   주택담보대출에만 적용되는 부채상환능력 평가로서 실행 중인 모든 주택담보대출의 원리금 및 기타 이자를 연간소득으로 따져서 대출 한도를 정합니다.

DSR   DTI에 신용대출 등 기타 모든 대출의 원리금 및 이자를 추가해 대출 한도를 정하는 기준으로 중도금대출, 이주비대출, 전세자금대출, 예적금담보대출, 유가증권담보대출, 정부정책대출, 대출 채무인수나 폐업 등으로 인한 대환, 그리고 300만 원 이하 소액 대출은 심사에서 제외됩니다.

RTI   주택임대업 개인사업자에 대한 이자소득상환능력 평가로서 사업자 담보대출의 연간 이자 비용을 임대소득으로 따져서 대출 한도를 정합니다. 2019년 12월 16일 부동산 정책 이후 투기 및 투기과열 지구 내 모든 임대 부동산에 대해 1.5배 이상으로 강화되었습니다.

대출 상품을 비교해보자

신용대출의 경우 직장의 주거래 은행이나 월급통장 은행을 통해 금리 우대를 받을 수 있지만, 담보대출 조건의 경우 주거래 은행 여부와는 관계가 없으므로 상품을 비교해 금리가 좋은 은행을 선택하는 것이 현명합니다. 이를 돕기 위해 금융감독원에서는 '금융상품 한눈에(finlife.fss.or.kr)'라는 사이트를 운영하고 있습니다. 저축부터 펀드, 보험, 대출, 연금까지 모든 상품을 원하는 조건으로 검색하고 비교할 수 있어서 유용합니다.

담보대출은 근로나 사업, 연금 소득이 없어도 가능하다

담보대출의 경우 근로나 사업, 연금 소득이 없는 사람도 국민연금이나 건강보험료 납부 내역과 같은 인정소득과 신용카드 사용액, 월세, 이자, 배당과 같은 신고소득을 통해 소득을 증빙하고 대출을 받을 수 있습니다. 단, 임대 및 금융 소득을 제외한 인정소득과 신고소득은 합산이 불가하고 근로소득이나 사업소득, 연금소득 같은 증빙소득이 부부 합산 연 2,500만 원 이하일 경우에만 인정 및 신고 소득 증빙이 가능하며 증빙 시 최대 5천만 원만 인정됩니다.

상환 방식을 이해하자

상환 방식에 따라 월별로 내야 할 상환금 및 이자가 달라집니다. 상환 방식은 크게 3가지입니다.

• 만기일시상환: 대출 기간 동안 이자만 내고 만기일에 원금 전부를 상환하

는 방식

- 원리금균등상환: 매달 상환할 원금과 이자의 합을 일정하게 해서 상환하는 방식. 초기에는 이자 비중이 높고 갈수록 원금 비중이 높아짐
- 원금균등상환: 원금을 대출 기간으로 나누어 원금은 매달 균등하게 상환하고 줄어드는 원금에 따라 이자를 납입하는 방식. 초기 부담이 다른 방식에 비해 높음

분야별 대출중개인을 활용하자

차주와 은행을 연결해주고 수수료를 받는 대출중개인은 개인물건, 경매물건, 법인물건, 특수물건처럼 담보물의 성격에 따라 각기 취급하는 전문 분야가 다릅니다. 특히 개인물건이 아닌 경우 취급하는 은행이 한정적이고 필요한 서류들도 다르기 때문에 시행착오를 줄이려면 사전에 분야에 맞는 대출중개인을 활용하는 것이 현명합니다.

원리금 혹은 이자상환용 통장을 따로 만들자

대출을 실행할 때 이자상환 통장을 월급통장으로 설정하는 경우가 많습니다. 주거용 부동산은 그렇게 해도 무방하지만 투자용 부동산은 이자상환용 통장을 따로 개설해 분리하는 것이 좋습니다. 이유는 월급이나 생활비 통장의 특성상 수시로 입출금 내역을 확인할 수밖에 없는데 그 과정에서 상환액에 대한 과도한 심리적 부담

감을 가지면서 투자자로서 여유를 잃을 수 있기 때문입니다. 투자용 또는 이자상환용 통장을 따로 개설한 후 투자 기간 동안 상환액을 계산해 대출을 받거나 혹은 이자상환용 월세를 연결해 눈으로 확인할 필요가 없게 만들면 여유를 가지고 투자 계획에 집중할 수 있게 됩니다.

○ 현명한 투자를 위한 대출 종류별 활용법

대출은 시기와 규모를 정할 수 있는 반면, 단기와 장기, 신용과 담보, 1금융권과 2금융권 등 대출 종류별 특성과 자신의 신용 상태와 명의, 정부의 정책을 자세히 파악하지 않고 사용하다 보면 오히려 투자자의 발목을 잡을 수 있습니다. 여기에서 현명한 투자를 돕기 위한 대표적인 대출 상품을 소개해드립니다.

신용대출

신용대출은 개인 또는 사업자의 신용을 보고 돈을 빌려주는 것으로 대출 한도는 연 소득에 기반해 결정됩니다. 신용대출은 만기 일시상환과 마이너스 통장 방식이 있습니다. 승인 절차가 간소하고 빠른 시일 안에 실행이 가능한 반면 만기 연장이 1년 단위로 이루어지는 단기 대출 형식이기 때문에 매매계약금과 같이 급전이 필요한 경우 유용합니다. 다만 은행에 따라 기존 대출이 과도하게 많을 경우 만기 재연장 대신 일시 혹은 분할 상환을 요구하는 경우가 있어 주의할 필요가 있습니다.

담보대출

담보대출은 은행에서 인정하는 담보물을 담보로 잡고 돈을 빌려주는 대출입니다. 예적금이나 유가증권 등 다양한 담보물이 있지만 거의 대부분 부동산을 담보로 실행됩니다. 담보대출은 정부의 정책에 따라 조건이 수시로 바뀌기 때문에 정책 변화를 면밀히 살펴야 합니다. 담보대출에는 차주의 성격에 따라 개인담보대출, 개인사업자담보대출, 법인사업자담보대출로 나뉩니다. 법인의 경우 법인사업자 명부나 주주 명부, 재무재표, 법인 등기부등본과 같은 별도 서류를 요구하기 때문에 은행에 직접 알아보기보다는 법인대출중개인의 도움을 받는 것이 현명합니다.

담보대출은 심사부터 승인 후 실행까지 다소 시간이 걸리기 때문에 부동산 매매 시 잔금일을 넉넉하게 잡는 게 좋습니다. 경매 물건의 잔금 납부를 위한 경락잔금대출의 경우 집행 법원에서 대출중개인을 쉽게 만날 수 있습니다. 경락잔금대출 한도는 대부분 낙찰가와 감정가 중 낮은 금액의 50~80% 선에서 결정되기 때문에 감정가보다 낮은 낙찰가를 받는 것이 중요합니다. 또한 주택의 경우 정부의 LTV 규제를 동일하게 적용받고 있고 권리상 하자 있는 물건은 대출을 꺼리기도 하므로 사전에 확인이 필요합니다.

신탁담보대출

신탁담보대출은 부동산 소유자가 신탁회사에 대출을 목적으로 부동산의 관리와 처분을 맡기고 은행으로부터 대출을 받는 상품입니다. 은행에서 해당 부동산의 근저당권설정이 어려운 경우 주로 활용됩니다. 부동산 소유자는 신탁회사와 담보계약을 체결하고 신탁등기를 통해 신탁회사에게 대출 기간 동안 소유권 이전을 합니다. 그리고 신탁회사는 차주에게 신탁증서를 발행하고 은행에게 우선수익증서를 발급해 3자 간 담보대출이 이루어졌음을 확인합니다. 부동산 소유자는 신탁 후에도 은행과 신탁회사의 동의하에 부동산을 사용하고 이로 인해 나오는 수익을 가질 수 있으며 대출기간이 만료되고 상환이 완료되면 소유권을 다시 이전받습니다.

신탁회사에 소유권을 넘겼기 때문에 차주의 채무로 인한 제3자의 압류, 가압류가 불가해 재산권 보호가 가능한 반면, 차주의 채무 불이행 시 신탁회사는 공매의 형식으로 부동산을 매각하게 됩니다. 신탁담보대출은 방공제를 하지 않기 때문에 대출 한도가 높고 채무 이행만 잘하면 소유권에 문제가 생기지 않기 때문에 소유자 명의의 부채보유 한도가 과다한 경우 유용하게 이용할 수 있습니다.

지금까지 선순환 투자를 위해 대출을 활용할 때 사전에 준비해야 할 사항과 대출 상품별 활용법을 알아보았습니다. 대출은 자본주의 시스템이 투자자에게 줄 수 있는 가장 큰 투자 도구입니다. 하지만 제대로 알고 사용하지 않으면 나의 목을 옥죄는 올가미가 될 수 있습니다. 대출의 종류에 따라 그 쓰임새가 다르지만 공통으로 주의해야 할 사항은 대출이 투자자의 시간을 방해해서는 안 된다는 것입니다. 관리 능력을 넘어가는 대출은 투자자의 여유를 빼앗고 여유를 잃어버린 투자자는 시간에 쫓겨 투자 오판을 하게 됩니다. 그 순간 선순환 투자는 악순환으로 빠지고 부자를 향한 꿈은 멀어지게 됩니다.

돈의 감각을 올리기 위한
네트워크 활용하기

부동산 투자로 성공하기 위해서는 현장감을 유지하는 것이 중요합니다. 하지만 전업 부동산 투자자가 아닌 본업이 있는 부동산 투자자의 경우에는 거주지 인근을 제외하고 좁게는 수도권, 넓게는 지방까지 현장감을 유지하기 위해 수시로 임장을 다니기는 물리적으로 어렵습니다. 또한 시시각각으로 변하는 매수세와 유동성의 흐름을 임장만으로 따라가기는 벅찹니다. 인터넷을 통한 다양한 네트워크는 이러한 투자자의 고민을 해결하고 현장감을 유지해주는 좋은 도구입니다.

● 투자자의 적과 돈의 감각

사업을 하는 최종 결정권자의 가장 큰 적은 고독함과 두려움이라는 말이 있습니다. 아무리 실무선에서 많은 검토를 하고 선택지를 전달하더라도 사업의 흥망성쇠에 영향을 미치는 결정을 할 수 있는 사람은 이에 책임을 지는 최종 결정권자이기 때문에 아무리 산전수전 다 겪은 사람이라 하더라도 그 순간만큼은 두려움과 고독함을 느낄 수밖에 없습니다. 하지만 그러한 어려움은 오롯이 혼자 감내해야 하는 성장통이기도 합니다.

투자자도 마찬가지입니다. 아무리 많은 강의를 듣고 강사가 몇 가지 선택지를 찍어준다고 하더라도 그에 대한 투자금을 집행하고 그로 인한 수익 혹은 손실을 책임지는 사람은 강사가 아닌 투자자 자신이기 때문에 사업가와 마찬가지로 선택에 순간에는 두려움과 고독함을 느끼게 됩니다. 더군다나 자신이 가진 투자금에 대출까지 받아 이루어지는 부동산 투자는 실패할 경우 투자금 손실에서 끝나는 것이 아닌 부채의 덫에 걸릴 수 있으므로 판단에 더욱 신중할 수밖에 없습니다. 무리한 대출을 이용해 잘못된 투자를 감행했다가 일가족과 함께 생을 마감했다는 뉴스가 유독 부동산 투자에서 많이 나오는 이유도 레버리지가 큰 투자이기 때문입니다.

자산의 선순환 투자는 근로소득이 아닌 자본 이익을 통한 경제적 자유를 추구합니다. 그렇기 때문에 투자자의 고독과 두려움을 이기고 성공적인 투자 결정을 해서 최종 목표를 이루기 위해선 돈의 감각을 날카롭게 유지하는 것이 매우 중요합니다.

돈의 감각이란 투자자의 관점에서 각 자산, 예를 들어 유가증권이나 부동산부터 실물경제에 이르기까지, 각 경제주체들 사이를 흐르는 돈의 흐름, 즉 유동성의 크기와 방향을 민감하게 포착하는 감각을 의미합니다. 특히 부동산 투자를 결심했다면 유동성의 주체인 부동산 투자자들이 어디로 가고 있는지, 왜 그리로 가는지를 수시로 파악하고 이에 동참할 것인지 혹은 지켜볼 것인지 아니면 반대의 방향으로 행동할 것인지 결정할 수 있어야 합니다.

○ 부동산 투자 네트워크를 활용하라

2000년대 들어서 발전하기 시작한 소셜 네트워크 산업은 이와 같은 고충을 해결하고 돈의 감각을 날카롭게 유지하고자 하는 부동산 투자자들로 하여금 온라인 네트워크를 형성하고 교류하도록 이끌었습니다. 이러한 부동산 투자 네트워크는 금융 위기 전후로 활성화하기 시작했는데, 1세대인 온라인 부동산 카페에서 2세대인 블로그와 메신저 단체 대화방, 3세대인 유튜브와 인스타그램의 개인 방송까지 영역을 넓혀 집단 지성화되면서 부동산 시장에 흐르는 유동성에 대한 다양한 여론을 형성하고 있습니다. 이러한 네트워크를

활용한 집단 지성은 빅데이터 제공 서비스와 맞물려 부동산 투자자
의 돈의 감각을 기르는 데 많은 도움을 주고 있습니다.

온라인 부동산 카페

네이버와 다음과 같은 국내 포털을 중심으로 시작된 온라인 부
동산 카페는 1세대 네트워크이지만 여전히 최대 교류의 장으로서
역할을 하고 있습니다. 카페에서는 전국 주요 지역 투자자들의 다
양한 의견을 접할 수 있습니다. 다수의 팬덤(Fandom)을 형성한 자체
전문가 그룹의 칼럼을 통해 시장과 상품을 바라보는 시각을 넓힐
수 있으며, 별도의 오프라인 강의나 단체 답사에 참여할 수도 있습
니다.

하지만 팬덤을 악용한 일부 전문가에게 피해를 당하지 않도록
주의해야 합니다. 처음 부동산 투자를 시작한다면 각 포털 사이트
에서 가장 많은 회원을 보유하고 있는 종합 부동산 카페에서 먼저
다양한 의견을 접하면서 감각을 익히는 것이 좋습니다. 그 후에 관
심 있는 부동산 공부를 위한 강의 및 답사를 운영 중인 카페를 통해
심도 있는 공부를 하길 추천합니다.

블로그(Blog)

블로그는 이웃 기능을 통해 내가 원하는 블로거의 글을 선별해
읽을 수 있고 이웃한 블로거의 다른 이웃 추천을 받을 수 있는 점이

특징입니다. 또한 자신의 이름을 걸고 운영하기 때문에 카페보다는 전문성 있는 글을 게재하므로 보다 정제된 전문적인 인사이트를 얻는 데 도움이 됩니다. 또한 중개 앱 대신 블로그를 통해 매물 홍보를 하는 공인중개사들이 늘어나면서 재개발이나 토지, 상가나 공장 등 시세를 확인하기 어려운 상품도 블로그에서 검색해 쉽게 시세 파악을 할 수 있습니다.

다만 자신의 투자 성향과 맞는 블로거들만 구독할 경우 전체 시장을 읽지 못해 오판할 가능성이 있는 것은 단점입니다. 처음 부동산 투자를 시작한다면 부동산 서적을 먼저 읽은 후 관심 가는 저자의 블로그를 접하기를 추천합니다.

메신저 단체 대화방

카카오톡이나 네이버 밴드, 기타 메신저 앱에서 단체 대화방 서비스를 지원한 이후 분양권, 재개발, 리모델링 혹은 지역 모임 등 특정 주제에 관심 있는 투자자들이 다양한 단체 대화방을 통해 의견을 교류하고 있습니다. 이러한 단체 대화방은 메신저라는 플랫폼 특성을 반영하기 때문에 현장의 실시간 매물이나 시황에 대한 단체 대화방 참여자의 빠른 반응을 통해 현장감을 파악하기에 매우 유용합니다. 또한 재개발이나 재건축 조합 혹은 분양 단지 입주자 단체방을 통해 사업 추진 과정을 현장 방문하지 않고도 실시간 파악할 수 있습니다. 투자하면서 막히거나 궁금한 점을 실시간으로 답을 얻을 수 있습니다.

반면 다른 네트워크에 비해 투자 경험이 풍부한 적극적인 투자 성향을 지닌 투자자들이나 특정 지역의 매수자 중심인 경우가 많고, 방장이 메시지를 삭제할 수 있으므로 반대 의견이 표출되기가 어려워 빠져들다 보면 중립적인 시각을 잃어버릴 수 있습니다. 부동산 투자를 처음 시작한다면 카페나 블로그, 강의를 먼저 접하면서 자신감을 얻은 후 실제 투자를 추진할 때 활용하기를 추천합니다.

유튜브(YouTube)

유튜브를 통한 수익 창출이 활발해지면서 많은 부동산 관련 유튜버가 활동하고 있습니다. 유튜브 부동산 채널의 장점은 텍스트로만 이루어지는 기타 네트워크에 비해 콘텐츠를 생동감 있게 전달할 수 있어 투자자의 이해가 쉽다는 것입니다. 또한 실시간 방송을 통해 온라인 상담을 무료로 받을 수도 있고 홍보를 위해 올리는 전문가의 오프라인 강의 중 일부를 접할 수도 있습니다. 다만 블로그와 마찬가지로 자신의 투자 성향과 맞는 유튜브만 구독할 경우 전체 시장을 읽지 못해 오판할 가능성이 있는 것은 단점입니다.

지금까지 투자자가 돈의 감각을 유지하기 위해 집단 지성을 이용해야 하는 이유, 그리고 집단 지성을 활용할 수 있는 네트워크 도구의 종류와 장단점에 대해 알아보았습니다. 스스로 투자 판단을 내리고 그로 인한 수익과 손실에 책임을 져야 하는 투자자에게는 온라인 네트워크는 중요합니다. 전국을 다 알 수 있을 정도로 정보력도 대단하고 지역 전문가도 섭외해서 정보 공유를 해줄 뿐만 아니라 웬만한 질문에는 다 대답할 정도로 수완 좋은 비서입니다. 게다가 투자자 스스로 알아보려면 높은 비용이 들었을 법한 이 모든 정보들이 무료로 제공된다는 점에서 그 가치가 더합니다.

하지만 과유불급이라는 말이 있듯이 집단 지성이 만들어내는 이러한 정보에 지나치게 의존하다 보면 투자자 자신의 판단을 흔들릴 수 있습니다. 『반지의 제왕』에 나오는 절대 반지와 같은 온라인 네트워크를 잘 활용하기 위해서는 부동산의 가치를 바라보는 투자자만의 기준을 먼저 확립해야 합니다. 비서가 아무리 수완이 좋다고 하더라도 회사를 이끌어나가는 것은 사장이기 때문입니다.

수익률을 높이는
매수·매도의 원리

부동산 선순환 투자를 잘하려면 좋은 매물을 알아보고 싸게 매입하는 것이 중요합니다. 싸게 사는 순간 다른 모든 과정이 상대적으로 수월해지기 때문입니다. 싸게 산다는 것은 곧 시세보다 좀 더 마진이 생긴다는 뜻이고, 이는 매도 시 나의 수익이 더 높다는 의미입니다. 혹은 하락장이 와도 이 마진이 버팀목 역할을 하면서 투자자는 좀 더 여유를 가질 수 있고, 상황이 안 좋아져 매도해야 하는 상황이 오더라도 남보다 싸게 내놓을 수 있으니 팔기가 좀 더 쉬워집니다. 세를 놓는 부동산이라면 싸게 산 가격에 맞추어 내 수익률은 지키면서 주변보다 저렴하게 월세를 놓을 수 있으니 그만큼 공실의 위험도 낮출 수 있습니다. 즉, 싸게 살 수만 있으면 임대부터 매도까지 남들보다 한 발짝 우위를 가져갈 수 있고 좋은 타이밍을 잡을 수 있습니다.

◐ 수익률을 올리는 매수 방법

수익률을 올리는 매수 방법은 크게 미래의 가격을 이용하는 방법과 현재의 가격을 이용하는 방법으로 나눌 수 있습니다. 여기에 추가로 일반 매매를 주로 이용하는 투자자를 위해 공인중개사를 활용해 싸게 매수하는 방법을 기술했습니다. 하나하나 살펴보겠습니다.

미래의 가격을 이용해 싸게 사는 방법

부동산 주기를 활용하는 매수법은 뉴타운이나 교통망 등 개발 호재와 수요와 공급 예측을 소재로 근미래에 특정 지역의 매매가가 상승할 것을 예상하고, 레버리지와 자기자본금을 이용해 선매수한 후 일정 기간을 보유해 매매가격이 오르면 매도해서 양도차익을 얻는 방법입니다. 이자 비용이 들지 않는 전세라는 한국의 임차 제도의 특수성 때문에 주로 주거용 부동산에서 활용되고 있으며 중도금, 이주비, 전세금 등 레버리지 수단에 따라 분양권, 재건축, 재개발, 아파트 전세 레버리지 투자 등등 다양하게 변주됩니다.

부동산 주기를 활용한 매수법은 실현되지 않는 미래의 불확실성에 기반하기 때문에 매수의 기술보다는 시황에 대한 투자자의 직관이 영향을 많이 미칩니다. 이 방법을 선호하는 투자자들은 전문가들의 시황 분석과 전망에 관심이 많으며 또한 동종의 부동산 상품에 투자하는 투자자들의 움직임, 즉 유동성에 민감합니다. 미래의 불확실성에도 불구하고 2장에서 언급한 대로, 부동산 주기는 순환하고 돈의 가치는 통화량 증가에 따라 매년 떨어지기 때문에 실수요가 풍부한 부동산을 장기간 안정적으로 보유할 수 있다면 양도차익을 얻을 확률은 커집니다.

현재의 가격을 이용해 싸게 사는 방법

경매와 공매는 감정가를 기준으로 입찰을 통해 사는 대표적인 방법입니다. 상승장이 과열될 때는 감정가를 넘어 시세 이상의 낙찰가가 속출하기도 합니다만 보통의 경우 감정가보다 낮은 가격에 낙찰가가 결정됩니다. 그렇기 때문에 감정가 대비 좋은 가격에 낙찰을 받으면 현재 시세보다 싸게 살 수 있으므로 소유권 이전 후 바로 매도한다 하더라도 양도차익을 얻을 수 있습니다. 하지만 경매의 특성상 하자 있는 물건이 나오기 때문에 그 하자의 이면을 얼마나 잘 파악해서 적정 입찰가를 제시하고 낙찰 후 권리관계를 얼마나 잘 해결할 수 있느냐 등 투자자의 경매 숙련도에 따라 수익의 크기가 달라집니다.

공인중개사를 통해 싸게 사는 방법

많은 투자자들이 공인중개사를 통해 일반 매매로 매수합니다. 일반 매매 중에 일부는 시세보다 낮은 가격으로 나오는 대신 잔금일을 짧게 잡는 급매로 나오지만, 소량이고 인기가 있다 보니 매수의 기회를 잡지 못하는 경우가 많습니다. 하지만 상황에 따라 일반 매매를 급매처럼 만들어 싸게 살 수도 있는데, 이를 위해선 몇 가지 조건이 필요합니다. 첫 번째로는 공인중개사의 영업력, 두 번째로는 공인중개사가 보유한 매물인지 여부, 마지막은 매도자의 상황을 미리 파악하려는 노력입니다.

공인중개사가 매도자의 의뢰를 받아 중개에 착수하게 되면 먼저 이 매물이 중개사 단독 매물인지를 확인합니다. 단골 고객의 경우는 단독 매물로 의뢰하는 경우가 많으므로 중개사의 영업력에 따라 보유하고 있는 매물의 개수나 상태가 다릅니다. 단독 매물이라면 중개사는 매도자와 매수자 양쪽에서 수수료를 받을 수 있고 행여나 매수자를 구하기가 여의치 않아 타 중개업소와 협업해 매수자를 구한다 해도 매도인의 중개수수료는 챙길 수 있어 중개에 좀 더 적극적으로 나서게 됩니다.

한편 매수자 입장에서는 싸게 사기 위해선 매도자의 상황 파악이 가장 중요합니다. 적을 알고 나를 알면 백전백승이란 말은 부동산 투자에서도 그대로 적용됩니다. 공인중개사가 직접 매물을 가지고 있다면 매도자가 단골손님이거나 최소한 1회 이상 중개한 경험이 있는 경우가 많기 때문에 매도하려는 이유를 파악하기 수월합니다. 또한 등기부등본을 미리 확인하는 것도 매도인의 상황을 파악하는 데 유용합니다. 등기부등본에는 매도자의 나이와 거주지 등 인적 사항과 매수한 날짜와 금액, 담보 채권 설정 등의 정보가 적혀 있는데, 이를 통해 매도인이 현장 시세를 둔감한지, 돈이 급한 상황인지, 손해를 보고 파는지 등을 가늠할 수 있습니다.

이러한 종합적인 정보를 바탕으로 매도인의 사정이 급하다고 판단되면 공인중개사를 통해 호가 대비 몇백만 원에서 몇천만 원 정도까지는 협상을 통해 이끌어낼 수 있습니다. 주거용 부동산의 경우 매매가가 작게는 몇천만 원에서 크게는 몇십억 원이고 이에 맞춰 호가의 단위가 500만 원, 1천만 원, 5천만 원에서 많게는 1억 원 단위로 형성되기 때문입니다.

● 수익은 매도를 통해 결정된다

시세보다 조금이라도 싸게 매수하면 할수록 다른 모든 과정이 상대적으로 편해지지만, 투자의 여정을 마무리하기 위해선 반드시 매도의 과정을 거쳐야 합니다. 주식이나 채권, 금 등 다른 모든 자산의 수익이 매도로 결정되듯이 부동산 투자 또한 매도로 최종 수익이 정해지는 것이며, 그 이전까지의 시세차익은 시황에 따라 언

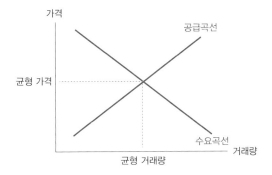

가격 결정 그래프

가격
공급곡선
균형 가격
수요곡선
거래량
균형 거래량

제든지 바뀔 수 있기 때문입니다. 매수는 기술이고 매도는 예술이라는 말이 있듯이, 부동산 매도를 잘하기 위해선 매수하는 것 이상으로 많은 노력과 전략이 필요합니다.

매수보다 매도가 어려운 이유

모든 시장은 수요와 공급으로 이루어져 있고 공급과 수요가 만나는 곳에서 가격이 결정됩니다. 부동산 시장 역시 공급 주체인 매도자와 수요 주체인 매수자가 만나는 곳에서 가격이 결정됩니다. 그러다 보니 위의 그래프에서 보이는 것과 같이 공급과 수요가 같은 기준 위에 있고 그 만나는 점은 언제나 존재하는 것처럼 보이지만 여기에는 숨겨진 이면이 하나 있습니다. 그것은 바로 공급과 수요는 같은 기준에 있지 않고 움직이는 원리가 다르다는 것입니다.

공급은 실물에 기반합니다. 상품이든 서비스이든 부동산이든 무엇인가를 만들어 판다는 공급의 속성상 실체가 있습니다. 여기에는 만드는 데 들어간 원가는 물론이고 창고 유지비 등 비용이 지속해서 들어갑니다. 그렇기 때문에 공급하는 사람 입장에서는 팔지 않으면 유지 비용 등으로 인해 계속 손해가 나게 됩니다. 부동산 시장도 동일합니다. 예를 들어 아파트를 가진 매도자 입장에서도 팔아서 양도차익을 거두기 전까지는 재산세와 종부세, 대출이자 등 보유 비용으로 인해 지속적으로 손해가 납니다. 다만 상승장에서는 보유세보다 양도차익 예상액이 더 많다 보니 팔지 않더라도 심리적으로 손해라고 생각하지 않을 뿐입니다.

반면 수요는 심리에 기반하고 있습니다. 다시 말해 수요자는 무엇인가를 사기 위한 의지와 돈을 가지고 있는 사람입니다. 이를 부동산 시장에 대입해봅시다. 예를 들어 아파트를 사겠다는 의지는 매수세이고 가지고 있는 돈은 유동성입니다. 하지만 매수자가 사지 않겠다고 마음을 먹으면 매수세와 유동성은 의미가 없어집니다. 매수 행위를 하지 않기 위해 매수세와 유동성을 거둔다고 비용이 들거나 하는 것이 아니기 때문입니다.

비용이 들었느냐 들지 않았느냐의 차이는 부동산 시장을 대하는 태도를 서로 다르게 만듭니다. 매도자는 누군가 사주지 않으면 손해가 나기 때문에 팔릴 때까지 시장을 떠날 수 없지만, 매수자는 잃을 게 없으므로 외부의 충격이나 대중심리가 급격히 식으면 시장을 떠날 수 있습니다.

　시장을 떠날 수 있다는 것과 시장을 떠날 수 없다는 것은 가격 형성에 대한 근본적인 의문을 남깁니다. 부동산 시장에 뜻하지 않은 충격이 오고 급격한 공포 심리에 얼어붙은 매수자로 인해 매수세가 사라지면 가격은 의미가 없어집니다. 당황한 공급자, 즉 매도자는 매도가격을 내리지만 가격 형성이 되지 않으면서 매물만 쌓입니다. 17세기 네덜란드 튤립 사건은 수요가 갑자기 사라졌을 때 어떠한 상황이 일어나는지를 극적으로 보여주는 사건입니다. 이러한 현상은 우리나라에서도 수시로 일어나고 있습니다.

조선업계 회복발 거제·울산 주택 시장 활황(2014.09.30.)

조선 구조조정 충격에 거제·울산 주택 시장도 '한파'(2016.05.01.)

'침체일로' 울산·경남 거제 집값, 회복세 뚜렷(2019.10.27.)

　첫 번째 기사 제목은 2014년에 나온 거제·울산 주택 시장의 기사이고, 두 번째 기사 제목은 2016년에 나온 같은 지역의 기사, 마지막 기사 제목은 2019년에 나온 같은 지역 기사입니다. 기사에서는 그때그때 이유를 달리해 서로 다른 부동산 시장처럼 말하고 있지만, 사실은 2014부터 2019년까지 매물을 가진 매도자는 시장에 그대로 있었고 매수자만 심리에 따라 들어왔다 나왔다 다시 들어와 시장 분위기와 가격을 만든 것입니다. 마치 신기루처럼 말입니다.

부동산 시장은 기본적으로 매도자가 불리한 시장이고 인기 있는 20%가 아니라면 제값을 받고 팔 수 있는 때는 한정적입니다. 그 20%마저도 안심할 수 없는 게 부동산 시장임을, 우리는 지난 금융 위기 이후 하락장에서 경험했습니다. 그렇다면 이렇게 매도자가 불리한 부동산 시장에서 어떻게 하면 성공적인 매도를 통해 이익을 실현하고 투자를 마무리할 수 있을까요? 여기에서 가장 중요한 3가지를 제시해드립니다.

매도를 결정하는 것은 매수세

투자를 성공적으로 마무리하기 위해선 매수 시점의 시세보다는 매수한 이후 시장의 에너지, 즉 매수세가 유지되는지를 지속적으로 관찰하는 것이 가장 중요합니다. 미래의 가치를 결정하는 열쇠는 그 지역의 흥행, 즉 매수세에 달려 있습니다. 매수세는 매수하려는 사람들의 심리이고 정부의 정책이나 외부의 사건에 따라 흔들리거나 심한 경우 소멸할 수 있습니다. 그렇기 때문에 매수세가 지속적으로 유지되거나 점진적으로 상승하고 있는지 정기적으로 확인하면서 매도하는 시기를 저울질해야 합니다.

다음 투자자도 취할 이익이 남아 있어야 한다

내가 파는 부동산을 사려는 사람도 시세차익을 얻으려는 목적은 동일하기 때문에 매도를 잘하려면 내놓은 매물을 지금 매수하더라도 취할 이익이 남아 있어야 합니다. 즉, 상승장 초기에 매수해 중·후반 정도에 매도하는 것이 이론상 가장 좋지만 그러기 위해선 상당한 돈의 감각을 키워야 하기 때문에 당장 실천하기는 어렵습니다. 보다 현실적인 방법은 매도하려는 시점의 시세보다 한 호가 정도 싸게 내놓는 것입니다. 당장은 이익의 일부를 포기하는 것처럼 보이지만 그만큼 빠른 현금화를 통해 새로운 투자처에 먼저 들어갈 수 있습니다. 작은 이익을 버리고 큰 기회를 취할 수 있는 것입니다.

시간적 여유를 만들어라

부동산 투자를 하다 보면 항상 투자금이 부족합니다. 공부와 투자 경험이 늘면서 좋은 부동산과 다양한 투자 기회를 볼 수 있게 되는 반면, 투자금은 한정적이기 때문입니다. 그러다 보니 일부 투자자들은 장·단기 가릴 것 없이 무리한 대출을 끌어서 매수하기도 합니다. 하지만 매도는 매수자가 시기를 정한다고 되는 것이 아니라 시장의 매수세가 정해주는 것이기 때문에 그 시기가 올 때까지 버틸 수 있는 재정적·시간적 여유가 있어야 합니다. 무리한 이자나 원금 상환 압력을 받기 시작하거나 뜻하지 않은 재정 문제가 발생할 경우 버티지 못하면서 급매로 인해 투자 손실에 보거나 경매 처분에 이르게 될 가능성이 커집니다.

지금까지 수익을 올리는 매수와 매도의 방법에 대해서 알아보았습니다. 부동산 투자에서 투자 물건을 보는 안목과 더불어 매수와 매도의 기술은 수익과 직결됩니다. 그런 이유로 많은 투자자들이 다양한 투자 상품을 매수하고 매도하는 기술을 익히기 위해 노력하고 있습니다.

하지만 과거의 부동산 시장을 돌이켜볼 때, 실패하고 사라진 투자자와 지금까지 살아남아 투자 활동을 하고 있는 투자자의 명암을 결정한 것은 화려한 매수·매도의 기술이 아닌 욕심을 버리고 다음 투자자에게 이익을 남긴 현명함과 겸손입니다. 특히 상승장이 무르익고 성공이 쌓일수록 자신의 매수·매도 기술을 과신하고 마지막까지 패를 쥐고 흔들려는 투자자들이 많아집니다. 살아남은 투자자들을 눈여겨보아야 합니다.

전설적인 주식 투자자인 벤저민 그레이엄은 "현명한 투자자는 비관주의자에게서 주식을 사서 낙관주의자에게 판다."라는 말을 남겼습니다. 낙관주의자에게 팔려면 그가 낙관할 만한 이익을 보여주어야 함을 잊지 말아야 합니다.

하락장에서도
견고한 자산 구축하기

선순환 투자 시스템을 구축했다고 해서 하락장에서도 흔들리지 않고 투자를 지속할 수 있는 것은 아닙니다. 하락장에서도 선순환 투자 시스템을 유지하려면 시스템을 구성하고 있는 뿌리, 줄기, 잎 자산들이 부동산 시장의 역습을 견딜 수 있도록 견고해야 합니다. 그러기 위해서는 먼저 부동산 투자자들이 하락장에서 무너지는 이유를 파악해보고, 그 후 같은 실수를 저지르지 않기 위해 어떻게 자산을 구축할지를 생각해봐야 합니다.

● 부동산 투자자들이 하락장에서 무너지는 이유

거의 모든 투자자들이 상승장을 통해 부동산 시장에 발을 들이고 직간접적으로 시세 상승을 경험하기 시작합니다. 상승장의 후반으로 갈수록 상승의 온기가 많은 지역에 퍼지면서 수많은 투자 성공담이 비이성적인 투자를 부추깁니다. 몇 번의 수익을 본 투자자는 자신감에 넘쳐서 투자금 전부에 대출까지 최고 한도로 받아 투자를 확장합니다. 투자자의 자신감이 크면 클수록 계획은 자의적이게 되고 투자 시계는 빡빡하게 돌아갑니다.

이때부터 부동산 투자자들은 서서히 자기가 파놓은 함정에 빠집니다. 시장의 가격이 유동성 한계에 부딪히고 외부의 사건이나 경제 위기 불안감이 명분을 만들면서 매수자의 심리를 흔듭니다. 그리고 매수세가 줄고 뜨거웠던 시장의 온기가 조금씩 차가워지면서 빡빡하게 짜놓은 투자자의 시계는 조금씩 어긋나기 시작합니다. 그동안 몇 번의 침체 후 재상승장이 있었던 경험에 비추어 처음에는 버텨보자는 생각에 매물을 내놓지 않고 기타 금융권에서 추가 대출을 받아 이리저리 자금을 돌려보지만 곧 한계에 부딪히게 됩니다. 그사이 재상승할 것 같던 침체장은 하락으로 방향을 틀고 당황한 투자자는 급한 마음에 매물을 내놓지만 이미 매물을 받아줄 매수세는 사라지고 난 뒤입니다.

침체장에서 하락장으로 본격화하면 현금 흐름이 중요해집니다.

왜일까요? 매수세가 줄고 유동성이 빠지면 부동산 가격이 내려가고 이에 따라 자산 가치가 하락합니다. 그동안 높아졌던 가격을 담보로 대출해주던 은행에서는 만기가 돌아오는 담보물을 재감정해 내려간 자산 가치만큼 원금 상환을 요구하기 때문에 현금 흐름이 중요합니다.

이때 만기가 도래하는 대출 채권을 막지 못한 부동산은 경매에 넘어가기도 합니다. 전세 레버리지 투자자는 투자금 회수를 위해 전세가를 올리지만, 그 과정에서 실수요가 받쳐주지 않은 지역은 매매가는 떨어지면서 전세금이 매매가를 역전하는 이른바 '깡통 주택'이 되어 집주인의 고의적 경매로 전세입자에게 떠넘겨지는 경우도 발생합니다. 이 모든 현상들은 자산 가치가 하락하는 과정에서 현금 흐름이 막히면서 연쇄적으로 발생하는 과정입니다.

이러한 일련의 과정을 겪으면서 많은 투자자들이 자산가의 꿈을 접은 채 무너지고 소리 소문 없이 사라집니다. 모두가 자신은 예외라고 자신하지만 지난 10년간 그래 왔고 지금도 일부 지역에서 진행 중이며 미래에도 이 과정은 변함없이 반복될 것입니다. 상승장이 그러했듯이 하락장도 예상치 못했던 순간에 다가오고 시장을 떠나지 않는 이상 피하는 방법은 없습니다. 그리고 그 순간이 오면 그 많던 유동성이 순식간에 사라지고 돈의 씨가 마르는 현상을 경험하게 됩니다.

◉ 하락장을 대비하기 위한 자산 구축 방법

　하락장은 부동산 투자자에게 피할 수 없는 숙명과도 같은 존재이지만 대응할 수 있는 맷집을 길러놓을 수는 있습니다. 이렇게 길러놓은 맷집은 또한 하락장이 끝나고 다시 상승장의 먼동이 터올 때 더 큰 자산을 일굴 수 있는 마중물이 됩니다. 하락장을 대비하기 위한 몇 가지 대처법을 소개합니다.

싸게 산 명품이라면 그냥 가지고 가자

　몇몇 투자자들은 하락장을 두려워한 나머지 자가주택을 포함한 모든 자산을 현금화하기도 합니다. 저는 이런 다소 과격한 방법보다는 좋은 입지의 부동산은 그대로 유지하는 걸 추천합니다. 실수요가 풍부한 명품 입지는 가격의 회복성이 강하고 하락장을 노리는 자금력 있는 투자자들이 있기 때문에 하락기에 자산 가격이 떨어지더라도 매우 짧은 기간을 거칩니다. 하락장이나 침체장의 투자자들은 시장의 공포가 만연했을 때 두려움에 사로잡힌 매도자를 이용해 명품 부동산을 매수하고 다음 상승장을 기다립니다.

애물단지는 장이 좋을 때 미리 처분하자

　상승장의 후반에는 환금성이 떨어지는 부동산도 다 같이 오르기 때문에 좋은 부동산에 관한 판단이 흐려지고, 그동안 매수세가 없어 처분하지 못했던 부동산에 이익을 보고 팔 수 있는 순간이 다가옵니다. 하지만 많은 투자자들이 내 물건이 저평가에서 벗어나 가치를 인정받은 것으로 생각하고 매도에 소극적입니다.

부동산은 지역별·상품별 서열이 명확한 자산이기 때문에 하락장이 오면 환금성이 떨어지는 물건은 매수세가 사라지고 애물단지가 됩니다. 부동산은 프리미엄을 받고 팔 수 있는 시기가 많지 않으므로 가진 물건이 애물단지라는 판단이 든다면 미련 없이 매도해 하락장에 대비하는 것이 좋습니다. 자신의 물건을 판단하기 어렵다면 상승장 중간에 오는 소강장에서 매수세가 일시적으로 식을 때 중개사를 통해 확인해보는 것도 좋은 방법입니다. 애물단지를 팔지 않고 계속 가져갈 경우 하락장에서 재정적 어려움을 해소하기 위해 환금성이 좋은 부동산을 먼저 팔게 되는 경우가 발생할 수 있습니다.

너무 낡고 오래된 물건은 사지 말자

재개발 투자에서는 매입가가 낮아 소액으로 접근하기 쉽다는 이유로 연식이 오래된 물건을 선호하는 경우가 있습니다. 하지만 재개발은 사업 기간이 통상 10년 이상으로 길고 각종 소송과 인허가로 인해 사업이 지연되는 일이 비일비재합니다. 그 와중에 하락장이 오고 매수세가 빠지면 매도가 용이할 때까지 보유할 수밖에 없는데 너무 낡고 오래된 물건은 세입자와 갈등을 유발할 확률이 높습니다. 금융 위기 이후 많은 재개발 투자자들이 과다한 금융 비용

외에도 세입자와의 갈등이 심해 버티지 못하고 큰 손실을 본 후 부동산 시장을 떠났던 전례가 있습니다.

과도한 레버리지는 줄이자

IMF 시기에도 금융 위기 시기에도 무너지지 않고 마지막까지 자산을 지킨 사람은 차입금이 없이 부동산을 가진 사람이었습니다. 저금리가 일반화된 지금은 차입금이 없는 부동산 투자자를 찾아보기 힘들지만, 과도한 레버리지는 줄이고 재정적 여유를 가지는 것이 좋습니다. 특히 단기 차입금이 많다면 정리하고 장기 대출로 반드시 바꿔야 합니다.

하락기에는 근로소득이 가장 안정적이다

상승장에서 부동산 투자 성공을 통해 자신감을 얻은 많은 분들이 직장을 그만두고 전업 투자의 길을 걷습니다. 하지만 수익형 부동산으로 월급을 대체할 충분한 월세를 만든 투자자를 제외하고 시세차익형 투자만 한 사람에게는 직장 생활이나 기존 근로 활동을 병행할 것을 추천합니다. 시세차익을 기대하기가 어려운 하락장에서 버티기 위해선 생활을 영위할 수 있는 *꾸준한 현금 유입*이 필수입니다. 다달이 들어오는 급여도 중요하지만 내가 다니는 회사와 근로소득 증빙이 있으면 상승장이 다시 왔을 때 신속하게 끌어 쓸 수 있는 대출 기회를 만들기도 수월합니다.

지금까지 3장을 통해 내 집을 넘어 부자로 가기 위해 선순환 투자 시스템을 구성하고 대출과 네트워크를 활용하는 방법, 수익률을 높이는 매수·매도를 하는 방법, 하락장에서도 견고한 자산을 구축하는 방법에 대해 알아보았습니다. 부동산 투자를 잘한다는 것은 매매횟수가 많거나 부동산 지식이 많다는 것을 의미하지 않습니다. 부동산 거래를 통해서 수익을 내고 재투자해서 더 수익이 좋은 부동산으로 넓혀가는 것을 의미합니다.

　부동산 투자를 잘하기 위해서는 끊임없는 수익을 줄 수 있는 부동산 포트폴리오 구성이 무엇인지를 먼저 생각해야 합니다. 종잣돈이 부족하다고 포기할 필요는 없습니다. 적은 종잣돈으로 할 수 있는 주거용 부동산으로 포트폴리오 구성을 시작해서 긴 호흡을 가지고 계속 선순환 투자를 해서 다가구주택, 상가, 꼬마빌딩 순으로 더 수익이 좋은 부동산 포트폴리오로 넓혀가면 됩니다. 중요한 것은 선순환 투자의 원리를 잘 이해해서 안정적인 투자를 계속해나가는 것입니다.

다른 선택 사양을
항상 염두에 두자

제 멘토는 한국에서는 직장인이면서 다른 나라에서는 사업가이기도 한 독특한 이력을 가지고 있습니다. 부동산이 아닌 다른 방법으로 직장으로부터 자유를 획득한 분으로 자본주의에서 어떻게 돈을 벌고 삶의 태도를 어떻게 가져가면 좋을지 예상하지 못한 혜안을 주곤 합니다.

"다른 선택 사양을 항상 염두에 두자."

처음 이 말을 들었을 때는 2009년이었습니다. 직업 선택에 고민하던 시기였는데 당시 이 말을 듣고 머리를 한 대 맞은 것 같은 느낌이었습니다.

우리는 선택의 기회가 오면 경우의 수를 최대한 좁혀 최선의 선택을 하려는 경향이 있습니다. 하지만 우리가 사는 세상은 한 가지 선택만으로 모든 것이 해결될 정도로 단순하지가 않습니다.

항상 모든 사건에는 다양한 경우의 수가 동시에 생겨서 우리가 하나를 선택하더라도 다른 경우의 수는 멈추거나 하지 않고 누군가에게 선택되어 동시대적으로 진행됩니다. 기술 선도를 통해 세상을 변화시키는 애플, 삼성과 같은 회사도 새로운 기술을 채택하기 전에 여러 조직이 각자 다른 경우의 수를 동시에 개발합니다. 회사 선택에서도 내가 특정 회사에 지원하지 않더라도 다른 누군가가 지원해서 다닙니다. 자녀에 관한 결정들, 투자에 관한 결정 등등 모든 사건이 그렇게 흘러갑니다. 멘토의 논지는 이렇습니다.

"하나를 결정하고 따라가는 사이에 다른 많은 기회들이 또 지나간다. 그런데 우리는 하나를 결정하는 순간 다른 것에 대해 귀를 막아버리지. 그럴 필요가 없어. 하나를 결정하고 따라가더라도 항상 다른 기회를 염두에 두고 더 나은 것이 오면 갈아탈 줄 알아야 해. 지금 내린 결정이 최선인 것 같지만 아니거든. 항상 더 좋은 기회가 올 때 갈아탈 수 있도록 한 다리는 빼놓고 있어야 해."

물론 한 분야에서 성공을 거두기 위해 곁눈질하지 않고 그 분야만을 몰입한 끝에 꿈을 이룬 세계적인 거장이나 스포츠 스타에게는 이 말이 어울리지 않습니다. 하지만 부동산 투자에 임하는 사람에게는 중요한 의미를 지닙니다. 투자 공부를 하면 할수록 시야가 넓어지고 더 많은 기회가 보이는 반면, 그동안의 시행착오를 겪으며 혹은 몇 번의 성공 사례를 통해 혹은 나이를 먹어가며 굳어진 편견이 판단의 폭을 좁히고 선택을 막기 때문입니다. 또한 새로운 기회가 왔을 때 적기에 뛰어들 수 있는 투자금이 필요한데 부동산 공부가 짧은 시기에 최선이라 생각하고 한 투자가 발목을 잡아 기회를 놓칠 수도 있습니다.

어떤 사람들은 "부동산은 모으는 것이지 파는 것이 아니다."라고 생각합니다. 돈을 무한정 찍어낼 수 있다면 그리해도 무방하겠지만 한정적 재화를 가진 투자자에게는 다양한 기회를 버리는 행위와 다를 바 없습니다. 게다가 한눈팔지 않고 자신의 철학대로 모으기만 한 부동산이 가치를 인정받기 어려운 것이었다면 실망감을 넘어 기회 손실은 이루 말할 수 없습니다. 투자는 취미 활동이 아닌 돈을 벌기 위한 행위이고 순간의 선택이 부자의 길로 이끌 수도 한 가족을 나락을 떨어뜨릴 수도 있습니다. 그러므로 부동산 시장은 넓고 내가 내린 결정은 최선이 아닐 수 있다는 겸손한 마음을 유지하도록 노력해야 합니다.

"돈은 내 몸으로 버는 게 아니고 시스템으로 버는 것이다."

멘토의 주 수입은 다른 나라의 사업체에서 나오는 배당금입니다. 하지만 공동 오너이자 주주로서 하는 일은 월말 대차대조표를 보고 받는 것과 연말 이사회 참석하는 것, 새로운 사업을 구상하고 월급 사장에게 일을 맡기는 것 정도입니다.

소액 투자부터 시작해 부자의 반열에 오른 부동산 투자자들에게는 일정한 투자 흐름이 있습니다. 처음에 지방 소형 아파트와 빌라를 채당 몇백만 원의 투자금으로 여러 채를 사서 직접 수리하고 임대를 놓다가, 어느 정도 종잣돈이 쌓이고 자산 가치가 오르면 하나씩 정리하면서 다가구주택과 소형 상가, 수도권 아파트 등으로 포트폴리오를 전환한 후, 마지막으로 서울 대형 상가와 꼬마빌딩 투자로 여정을 마무리합니다. 왜 그럴까요? 경제적 자유를 얻고 나면 임차인이 알아서 운영할 수 있는 부동산으로 바꿔서 관리에 들어가는 시간 소모를 줄이고 시간의 자유를 얻기 위해서입니다. 하지만 이러한 경지에 오른 사람은 소수이고 대부분 투자자들은 내 몸에 익숙한 것에서 멈추고 맙니다. 그리고 부동산에 입문하는 사람들에게 대단한 것처럼 소개합니다.

생각의 틀을 깨고 부동산 투자에 바로 시스템을 생각해보는 건 어떨까요? 할 수만 있다면 경제적 자유와 동시에 시간적 자유를 얻는 큰 도약을 할 수 있을 겁니다. 부동산 투자에 입문하는 순서는 있어도 성공하는 순서는 없습니다.

PART 4

현명한 부동산 투자를
지속하기 위한
7가지 조언

쫓기보단 기다려야
큰돈을 벌 수 있다

시세차익형 투자자의 목적은 미래 가격을 예상해 현재 가격의 가치를 가늠한 후 매수해 일정 기간 보유했다가, 예상한 가격에 다다르면 매도해 그 차익을 얻는 것입니다. 미래 가격을 예상한다는 전제 자체가 불확실성을 내포하고 있으므로 투자자는 지역의 수요 공급 현황이나 가격 오름세, 전문가의 전망 따위의 정보를 바탕으로 직관적인 판단을 통해 투자의 여부를 결정합니다. 이러한 시세 차익형 투자자의 행태는 어떠한 정보를 더 신뢰하는가에 따라 달라집니다.

이는 시장의 여론을 형성하는 전문가에게도 동일하게 적용합니다. 예를 들어 어떤 전문가는 수요 공급 현황부터 시작해서 각 지역의 인구 유입, 교통망 계획, 더 멀게는 환율 및 금리, 각종 경제지표, 주가 흐름이나 미국이나 중국의 주택 착공 현황까지 방대한 자료를 분석하는 데 많은 시간을 할애하는 반면, 다른 전문가는 직접 전국 방방곡곡을 거의 매일 같이 발로 뛰면서 들은 현장의 소리에 경험을 통해 쌓은 인문학적 감각을 더해 시장의 향방을 점치기도 합니다.

◉ 기다리는 자와 쫓는 자

시장의 방향을 점친다는 것은 마치 거대한 코끼리의 한 부분을 눈을 가리고 더듬는 행위와 별반 다를 게 없습니다. 그렇기 때문에 데이터 분석과 현장 분석 중 어떤 것이 더 낫다고 말할 수는 없습니다. 하지만 이러한 전문가의 견해를 읽고 투자하는 방식은 크게 기다리는 자와 쫓는 자로 구분해볼 수 있고, 그 결과 역시 많은 차이를 보입니다.

기다리는 자의 투자법

기다리는 자의 투자법은 투자자의 흐름, 즉 매수세와 유동성의 방향을 보면서 아직 매수세가 없어 가격 변동이 없지만 가까운 미래에 매수세가 붙을 곳을 예측해 선매수를 하는 방법입니다. 이 투자법의 장점은 시세의 초기 단계에 진입하기 때문에 프리미엄이 없거나 아주 작은 상태에서 매수가 가능하고, 해당 지역의 1급지에 상대적으로 적은 투자금으로 진입할 수 있어서 높은 시세차익을 얻을 수 있다는 것입니다. 또한 프리미엄이 없는 시기에 매수를 했으므로 매도할 때 다음 매수자에게 시세차익에 대한 기대를 심어주기 수월합니다.

반면에 현재는 잠잠하지만 곧 매수세가 붙을 것이라는 높은 불확실성에 기대고 있기 때문에 판단이 어긋할 경우 보유 기간이 예상보다 길어지거나 기약 없는 투자가 됩니다. 이로 인해 금융 비용이 기하급수적으로 증가해 높은 투자 손실이 일어날 수 있습니다. 또한 투자금이 묶이면서 현재 매수세가 활발한 곳에서의 투자 기회를 상실할 수 있습니다.

쫓는 자의 투자법

쫓는 자의 투자법은 투자자의 흐름, 즉 매수세와 유동성이 현재 어디에서 가장 활발히 머무르고 있는지를 확인하고 추격 매수를 통해 시세차익을 취하는 방법입니다. 이 방법은 잔칫상이 벌어지는 곳에 뛰어들어 남아 있는 음식을 먹고 잔치가 끝나기 전에 나와야 하기 때문에 단기 매매가 필요하다는 특징이 있습니다. 이에 따른 절세를 실현하기 위해 정부 정책의 빈틈을 살펴야 합니다. 더불어 투자 지역의 매수세가 지속되고 있는지 광범위하고 집중적인 관찰을 유지해야 합니다.

이 투자법의 장점은 매수세를 확인하고 들어가기 때문에 불확실성에 대한 위험을 회피해 성공 확률을 높일 수 있다는 것입니다. 또한 단기 매매를 통한 빠른 자금 회전이 가능해 산발적인 시세 상승이 이루어지는 지역에서 신속하게 투자 타이밍을 노릴 수 있습니다.

반면 잔칫집인지 확인하고 들어가는 방식이기 때문에 프리미엄을 주고 2차 혹은 3차 매수자로 진입할 수밖에 없어 높은 시세차익을 얻기에는 물리적 시간의 한계가 있습니다. 또한 매도 시 순수 투자자보단 실거주 겸 투자자가 매수자일 가능성이 높아 실거주 가치가 떨어지는 지역일 경우 매도에 어려움을 겪을 수 있습니다. 더불어 매수한 시점에서 정부의 정책 변경으로 대출이나 의무 보유 기간 등에 변화가 생기면 규제가 덜한 지역으로 매수세가 급격히 이동하는 풍선 효과로 인해, 받아줄 매수자가 사라지는 막차의 저주에 빠질 수도 있습니다.

기다리는 자와 쫓는 자는 이와 같이 그 장점과 단점이 상반된 모습을 보이지만 실제 시장에서는 이 2가지 형태의 투자자가 서로 혼재되어 나타납니다. 특히 상승장 초반에 가격 오름이 시작되는 상위 입지에서는 상승장의 온기를 탄 하위 입지에 매수세가 흘러갈 때까지 오랜 기간 지속해서 가격 상승과 소강이 반복됩니다. 그렇기 때문에 상승을 확인한 후 추격 매수를 했다고 하더라도 뒤따라

오는 많은 후발 매수자를 활용해 기다리는 자의 투자법을 사용할 수 있습니다. 반면에 하위 시장으로 내려갈수록 유동성의 흐름을 파악해 미리 선점하는 기다리는 투자자가 되었다고 하더라도 유동성이 머무르는 시간이 점점 짧아지기 때문에, 들어오는 매수세의 크기를 오판한다면 매도 시기를 놓칠 수 있습니다.

○ 부동산은 찾아오는 순서가 있다

이론적으로 프리미엄이 없을 때 매수하는 기다리는 자의 투자법은 '유동성의 다음 목적지에 대한 예측 실패'라는 불확실성만 제거한다면 쫓는 자의 그것에 비교해 더 큰 시세차익을 얻게 됩니다. 그렇다면 유동성의 다음 목적지에 대한 예측 정확도를 높이는 방법은 무엇일까요? 그것은 바로 지역과 상품에 대한 위계를 파악하는 것입니다.

지역 간 위계 순서대로 매수세가 흐른다

부동산은 수평적인 상품이 아닙니다. 어떤 사람이 어디에 더 많이 모이는가에 따라 부동산은 그 가치를 인정받고 가격이 달라지는데, 이는 지역 간의 위계를 만듭니다.

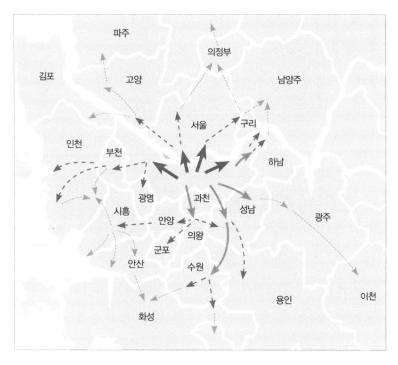

➤ 1차 전파   ➤ 2차 전파   - - ➤ 3차 전파   ····➤ 4차 전파

　그림은 필자가 생각하는 지역 간의 위계를 수도권 지도에 표시한 것입니다. 최초 진앙지인 서초·강남에서 시작된 상승장은 용산, 성동, 마포, 잠실, 목동, 여의도로 전파되고, 뒤이어 범강남권인 강동, 과천, 분당, 판교, 위례에서 광교로 이어집니다. 이어 상승 중반기를 지나면서 투자자의 매수세와 유동성은 과천에서 의왕, 안양, 군포, 시흥으로, 목동은 광명, 부천을 지나 송도까지, 마포·성동은

서울 서북부와 동북부를 거쳐 구리까지, 그리고 분당, 판교, 광교는 각각 용인과 수원, 강동은 하남으로 번집니다. 그리고 상승 후반기가 되면서 서남은 인천과 안산, 화성으로 모이고 동남은 광주와 이천, 서북부는 고양, 김포를 거쳐 파주까지, 동북부는 구리를 거쳐 남양주와 의정부로 상승을 마무리합니다.

이러한 투자자의 매수세와 유동성 흐름은 먼저 상승 흐름을 탄지역의 가격 부담과 정부의 정책 변화에 따라 흐르며 지역 간의 가격 차이를 좁히는 역할을 합니다. 그리고 마지막에 가서 좁혀진 가격 상승은 지역 내 거주 수요가 인정하고 받아주면서 안착하게 됩니다. 동시에 좁아진 지역 간 가격 차이는 상위 입지의 가격 매력을 다시 부각시키며 재상승의 빌미를 제공합니다.

상품 간 위계 순서대로 매수세가 흐른다

시세차익형 상품 간에도 위계 순서가 존재합니다. 이는 사람들의 선호도에 따른 것입니다. 예를 들어 아파트 중에서는 신축에서 구축, 대단지에서 소규모를 거쳐 나홀로, 랜드마크 단지에서 주변으로 위계가 흐릅니다. 아파트의 수요가 차고 가격 저항이 생기면 투자금 대비 수익률을 좇는 유동성은 대체 상품인 주상복합과 고급형 빌라를 거쳐 투룸 이상으로 구성된 중형 오피스텔로 이동하게 됩니다.

● 기다리는 투자를 위한 매수·매도 타이밍

이러한 지역 또는 상품 간 위계 순서는 수도권은 물론이고 지방의 각 시·구·군에서도 동일하게 적용할 수 있습니다. 특히 정부에서 투기지역이나 투기과열지역, 조정지역으로 그 위계를 정해주는 곳은 상위 입지로 눈여겨볼 필요가 있습니다. 이러한 위계 흐름을 알면 기다리는 투자에서의 불확실성을 제거할 수 있는데, 여기에 매수·매도 타이밍을 적절히 잡을 수 있다면 더욱 그 성공 확률을 높일 수 있습니다.

상위 입지일수록 매수는 신속히, 매도는 신중히 하라

최초 진앙지나 1, 2차 전파지와 같은 최상위 입지는 상승 초반부터 상승 후반까지 상승장 내내 매수세와 유동성의 선택을 받기 때문에 오랜 기간 상승과 소강을 반복합니다. 이런 지역의 매수는 추격 매수라고 할지라도 신속히 해서 뒤따라오는 추격 매수세를 등에 업으면 기다리는 자가 될 수 있습니다. 또한 상승장 마지막까지 실수요를 동반한 매수세가 유지되기 때문에 최대의 시세차익을 얻기 위해선 매도 시기를 신중히 잡는 것이 좋습니다.

하위 입지에서는 추격 매수보다 다음 목적지로 먼저 이동하자

3차 전파 지역 이하 하위 입지는 매수 시기를 놓쳤다면 추격 매수보다는 다음 목적지로 이동해 매수 시 프리미엄을 조금이라도 낮추는 것이 유리합니다. 상위 입지에서 하위 입지로 넘어갈수록, 안정을 추구하는 큰손 투자자는 상급지에 남아 있고 수익률이 중요한 소액 투자자는 움직이기 때문에, 유동성의 속도와 매매 주기가 빨라집니다. 대신 지역의 범위가 넓어지고 동시다발적으로 들어가므로 먼저 이동할수록 유동성을 맞이할 수 있는 확률은 높습니다. 자금이 허락되는 선에서 다음이 예상되는 복수의 지역에 골고루 선투자를 하면 실패 확률을 줄일 수 있습니다.

하위 입지에서의 매도는 신속히 하라

하위 입지는 상위 입지와 달리 외부 투자자에 의해 오른 가격을 인정하고 받아줄 실수요 기반이 약합니다. 이유는 상위 입지부터 내려온 외부 투자자의 자금력과 지역 거주자의 자금력 차이가 하위 입지로 갈수록 커지기 때문입니다. 그래서 하위 입지에서 매도는 투자자가 몰려오고 기회가 왔을 때 신속하게 하는 것이 좋습니다. 기회를 놓칠 경우 이미 시세차익을 챙긴 유동성이 빠지고 지역의 실수요자가 인정하는 가격이 올 때까지 매수세가 사라질 수 있습니다.

지금까지 기다리는 투자와 쫓는 투자, 그리고 기다리는 투자를 어떻게 접근할 것인지에 대해 말했습니다. 투자에서 정석은 존재하지 않지만 지난 과거를 돌이켜보면 시장의 변곡점에서 미리 가서 기다린 투자자에게 더 큰 부의 기회가 찾아왔습니다.

혹자는 지난 10년을 복기하며 다시는 그런 때가 오지 않을 것이라 단언하지만, 시장은 돌기 마련이고 모두가 비관하거나 모두가 낙관하던 때 시장의 보이지 않는 손은 조용히 방향을 틀었습니다. 하지만 10년의 세월을 관통하는 대한민국 부동산 시장의 원리는 여전히 통용되기 때문에 기다리는 자의 투자법을 이해하고 응용한다면 언젠가 다시 돌아올 기회를 놓치지 않을 것입니다.

돈뿐만 아니라 사람도
레버리지 하자

　요즘 사람들의 고민거리 중 하나가 바로 대면, 즉 사람을 직접 만나는 것에 대한 두려움입니다. 상사와의 대면, 낯선 사람과의 대면 등등 일상에서 수시로 마주치는 대면의 순간에 어떤 말을 해야 할지 잘 모르는 사람들이 많다 보니, 각각의 상황에 대한 임기응변법 혹은 그러한 상황 자체를 피하는 방법에 대한 다양한 글들이 책과 각종 미디어에서 쏟아져 나오고 있습니다. 특히 내키지 않은 행사의 참여나 어떤 부탁을 받았을 때 거절하지 못하다가 급기야 우울 증상을 보이는 사람들이 많다 보니, 자기 치유 트렌드와 맞물려서 상처 주지 않고 거절하는 법이 많이 회자되고 있습니다.

● 대면 상황을 피하지 마라

부동산 투자도 역시 이러한 대면의 순간이 많이 찾아옵니다. 특히 돈과 관련되어 있고 법적인 계약관계가 성립하는 행위이기 때문에 대면 상황에서의 잘못된 대응으로 인해 여러 분쟁에 휘말릴 수 있습니다. "악마는 디테일에 있다."라는 말처럼 계약서의 특약 사항에 많은 중요한 정보가 담기다 보니, 부동산을 처음 접하는 실수요자 혹은 투자자가 컨설턴트의 말만 믿고 있다가 피해를 당하는 경우가 비일비재합니다.

IT에 익숙한 세대들은 대면의 불편함을 피하기 위해 부동산 중개 앱이나 인터넷 검색 및 온라인 네트워크를 이용해 비대면으로 처리하는 경향이 많습니다. 이러한 트렌드에 발맞추어 세무통(www.semutong.com)이나 법무통(www.bmtong.co.kr)처럼 세무 상담, 법무 처리까지 다양한 서비스를 비대면으로 제공하는 회사들이 생겨나고 있습니다. 정부 역시 온라인 정부를 표방하며 부동산 관련 세금 처리부터 임대사업자 업무까지 다양한 비대면 서비스를 선보이고 있습니다.

저 역시 마당발 성격은 아니다 보니 뜻하지 않는 대면의 상황을 그리 좋아하지는 않습니다. 게다가 40대 이후에는 새로운 관계를 맺기보다는 편한 관계를 더 선호하게 되어 주변 사람들과 함께 보내는 시간이 많습니다. 더군다나 SNS를 통해 지인들의 일상을 매일 접하다 보니 만나지 않아도 마치 매일 보는 것 같은 착각이 들어 전화 통화나 만남에 소극적이게 됩니다. 가끔 아내의 등쌀에 밀려 동네 아빠 모임에 나가면 회사 생활을 하며 터득한 내공으로 대화에 참여하지만 다들 비슷한 처지라서 그런지 대화는 끊기고 침묵에 휩싸이곤 합니다. 하지만 이렇게 내성적인 성격이 가지고 있는 저도 부동산 투자를 위해 사람을 만날 때는 전혀 다른 사람이 됩니다. 왜냐하면 그럴 가치가 충분히 있기 때문입니다.

우리가 집을 살 때는 전세금이나 대출금에 레버리지를 활용합니다. 자기자본만으로 사기도 힘들 뿐만 아니라 요즘 같은 저금리 시대에 은행 대출을 이용하면 저렴한 이자 대비 더 나은 물건을 잡을 수 있기 때문입니다. 하지만 부동산 투자에서 레버리지만큼 중요한 것이 하나 더 있습니다. 그것은 바로 거래의 과정에서 만나는 다양한 이해관계에 있는 사람들도 최대한 활용해야 한다는 것입니다. 특히 실무를 처리하는 데 실수하지 않으려면 전문가의 활용은 필수입니다.

많은 사람들이 셀프 서비스를 활용해서 스스로 처리한 후 그 후기를 빠르게 공유하고 있지만 아직까지는 기초적인 수준에 머무르고 있습니다. 게다가 한정된 경험에 의한 정확하지 않은 정보를 마치 모든 매매 사례에 적용할 수 있는 것처럼 전달한다는 문제가 있습니다. 심지어 몇 가지 일반적이지 않은 사례를 들며 법무사나 세무사 등 국가 공인 전문가의 견해는 수수료를 과다 청구하려는 행위이니 듣지 말 것을 종용하기도 합니다.

특히 일부 공인중개사들의 부당한 처신을 공유하며 개인 간 부동산 직접 거래를 독려하는 상황은 우려됩니다. 부동산 거래는 수익 창출 활동이기도 하지만 동시에 법적인 활동을 수반합니다. 국가에서 굳이 자격시험을 치르며 법무사나 변호사, 세무사, 공인중개사를 양성하고 있는 이유는 그들이 일상에서 관여하는 활동들이 법과 관계되어 있고 사건에 대한 방대한 판례는 몇 개의 귀동냥으로 해결할 수 있는 것이 아니기 때문입니다. 이러한 전문가들은 법적 책임을 걸고 서비스를 하고 수수료를 받는 사람입니다. 당연히 본인들이 관여한 부동산 거래에 문제가 생겼을 때 공증을 통해 일정 부분 물적·인적 책임을 집니다. 하지만 그러한 보호 장치 없는 개인 간 거래는 법적인 문제가 발생했을 때 재산상을 손해를 넘어 심각한 심적인 고통을 수반할 가능성이 큽니다.

전문가들을 활용해야 하는 또 다른 이유는 기회 손실 때문입니다. 온라인 네트워크를 활용해 혼자의 힘으로 부동산 공부를 하고 실전 투자를 하는 것도 좋지만 현장에서 움직이는 기회를 잡기에는 한계가 있습니다. 특히 가격이 겉으로 드러나지 않는 상가나 재개발 빌라의 경우는 A급 물건은 공인중개소의 단골손님이나 지인들을 대상으로 현장에서 처리되는 경우가 많습니다. 잦은 대면을 통하지 않고는 이러한 기회를 얻기란 쉽지 않습니다.

○ 사람 레버리지의 시작은 공인중개사

어떻게 하면 부동산 투자를 위한 인간관계를 잘 시작할 수 있을까요? 그 열쇠는 공인중개사에게 있습니다. 우리가 부동산을 보기 위해 현장에 가면 가장 먼저 만나는 사람은 공인중개사입니다. 하지만 공인중개사를 찾아오는 사람이 매수인, 매도인, 임차인만 있는 것은 아닙니다. 법무사도 찾아오고 대출중개인도 찾아옵니다. 공인중개사가 어떤 분야에 관심을 가지고 영업을 하는가에 따라 관계 맺는 사람들이 많아집니다.

오피스텔이나 빌라 분양 업체가 찾아오기도 하고 법인중개를 주로 하는 중개사라면 세무사가 찾아오기도 합니다. 경매중개인 업무도 병행하는 공인중개사에게는 명도대행인도 찾아옵니다. 또한 공인중개사 간에도 지역 공인중개사 네트워크를 이용해 본인이 잘 모르는 분야의 의뢰가 들어오면 다른 전문 중개사를 소개해주기도 합니다. 또 어떤 공인중개사는 외부 전문가를 초빙해 지역 관련 세미나를 열기도 합니다.

임차하면서 생기는 여러 가지 하자 보수 문제도 공인중개사를 통해 쉽게 해결할 수 있습니다. 오랜 기간 영업 활동을 해온 지역의 공인중개사들은 그 지역의 주민인 경우도 많아 철물점과 같은 지역 근린 시설을 잘 압니다. 더불어 중개 경험을 바탕으로 임차 중에 생기는 다양한 문제 해결에 대한 조언을 얻을 수도 있습니다. 공인중개사 중에는 직접 투자하는 사람도 있어서 중개인의 시각과 투자자의 시야 사이에 차이점을 잘 알고 투자자의 입장에서 가치가 있는 물건과 피해야 할 물건을 선별해주기도 합니다.

이렇게 어떤 중개사를 만나 관계를 맺는가에 따라 얻을 수 있는 정보와 받을 수 있는 도움이 달라집니다. 저 역시 잘 아는 중개사분과 밥을 먹으면서 오피스텔 분양을 알게 되어 분양대행사를 찾아갔고, 거기서 또다시 오피스텔 상가 분양 전문가와 인연을 맺어서 오피스텔 및 상가 분양 시장에 접근하는 유용한 정보를 얻은 적이 있습니다. 물론 지금도 연락을 하며 지냅니다.

업무 영역부터 일을 처리하는 능력, 시장을 대하는 태도가 공인중개사마다 천차만별이고 나와 성향이 맞는 공인중개사 역시 개개인이 다 다릅니다. 그러므로 처음 가는 지역에서는 여러 중개사를 만나보면서 믿을 만한 부동산 중개소를 찾는 것이 좋습니다. 여기 몇 가지 실전 팁을 알려드립니다.

처음 가는 관심 지역의 중개사는 블로그를 통해 찾자

관심 지역이 있는데 그 지역의 누굴 찾아갈지 모르겠다면 블로그에서 지역을 검색해봅시다. 중개 매물을 열심히 올리는 중개사 몇 분을 찾을 수 있습니다. 전화해서 방문 약속을 잡으면 무작정 가는 것보다 공인중개소의 문을 열기가 편할 겁니다. 상담 중에는 검색한 물건 외에 다른 물건이 있는지, 지역 사정이 어떠한지 같이 물어보면서 공인중개사가 적극적인지를 확인해보길 바랍니다. 특히 물건이 빠져서 없는 경우 그 자리에서 전화를 돌려서 찾아준다면 그만큼 네트워크가 좋고 영업력이 좋은 분일 가능성이 큽니다.

목적은 솔직하고 분명하게 말하자

중개소를 방문할 때 부동산 알아보러 왔다고만 이야기하거나 혹은 목적을 감추는 사람이 있습니다. 다양한 사람을 상담하는 공인중개사 입장에서는 나에게 서비스를 의뢰할 사람에게 더 적극적으로 나서게 됩니다. 또한 어떤 금액의 어떤 물건을 찾고 있는지 혹은 얼마에 매도하고 싶은지를 솔직하게 말하면 그에 맞는 거래자를 찾기 쉬워집니다.

중개사는 내 편이 아니지만 내 편으로 만들 수는 있다

중개사는 매수와 매도 둘을 연결해주고 수수료를 받는 사람이기에 거래가 성사되는 걸 중요하게 생각합니다. 그렇기에 파는 분에게는 조금 낮은 가격을, 사는 분에게는 조금 높은 가격을 제시한 후 절충하며 거래를 성사시킵니다. 하지만 중개사도 사람이기 때문에 마음 가는 분에게 좀 더 좋은 조건을 만들어주려는 부분은 분명히 있습니다. 무리한 요구가 아니라면 말입니다.

최대한 받을 수 있는 도움을 받되 사례는 확실히 하자

공인중개사를 최대한 활용해서 도움을 받아야 합니다. 대신 사례를 확실히 하는 것이 좋습니다. 특히 법정 수수료는 정확하게 주는 것이 좋습니다. 일이 마음에 안 든다면 더 이상 거래를 안 하면 되고, 일이 마음에 들었다면 적당한 선에서 사례를 하고 또 일을 맡기면 됩니다.

그래도 적당한 거리는 필요하다

거래 관계가 쌓이고 언제든 방문해도 편안할 정도가 되었다고 하더라도 적당한 거리는 필요합니다. 의사결정의 주체는 본인이고 큰돈이 오고 가는 법적인 계약 행위이기 때문에 아무리 좋은 제안이라도 나의 사정과 맞지 않다면 부담 없이 거절할 수 있는 틈은 유지해야 합니다. 거절이 부담스럽다면 다른 사람에게 권유할 기회를 중개사에게 준다고 생각하면 됩니다. 오히려 모호한 태도는 중개사를 오판하게 만들 수 있습니다. 한두 번 거절해도 계속 권유하는 중개사라면 중개사의 의도와 그 물건을 의심해봐야 합니다. 반대로 원하는 물건이 있으면 확실하게 요청하고 거래해서 관계를 유지하면 됩니다.

지역별 중개사 네트워크는 촘촘하니 오해 살 만한 짓은 하지 말자

여러 공인중개사에 서로 다른 말로 매도 혹은 매수를 의뢰하거나 간을 보는 분들이 드물게 있습니다. 지역별 중개사 네트워크가 생각보다 촘촘해서 소문이 빠릅니다. 말이 다른 것은 공인중개사들도 공통으로 싫어하는 의뢰인의 태도이기 때문에 거래에 어려움을 겪을 수 있습니다.

지금까지 부동산 투자에서 사람을 만나는 것이 왜 중요하고 어떻게 접근해야 하는지에 대해 알려드렸습니다. 대면의 두려움을 이기고자 할 때 필요한 것은 부자가 되겠다는 절실한 마음입니다. 여러분과 마찬가지로 내성적이었던 저를 여기까지 이끌었던 것도 가족의 안위를 위해 흔들리지 않는 경제력을 가지겠다는 절실함 때문이었습니다. 절실함을 이용하려는 소수의 사람들을 제외하면, 대부분의 부동산 이해관계자들은 그 진정성에 공감하고 기꺼이 도움을 줍니다. 당당하게 공인중개소 문을 열고 원하는 것을 요구하는 순간, 새로운 세상이 열릴 것입니다.

이익을 실현해봐야
고수가 된다

"사모님, 가지고 계신 집 중에 하나를 내놓으신다고 들었는데 계획 있으세요?"
"이미 주변에 다 올라서 판다고 해도 저도 살 수 있는 게 없어요."

상승장이 무르익기 시작하면 부동산을 가지고 있는 사람들에게 부동산 중개소에서 매도를 권하는 전화가 오기 시작합니다. 상승장에서 부동산 가격이 하루가 다르게 오르고 정부에서 양도세 중과 등 매매를 제한하는 정책을 펴기 시작합니다. 결국 매도를 계획했던 사람도 팔고 남은 금액으로는 같은 지역에 다시 살 수 없고 그사이에 부동산은 오르고 가지고 있던 현금은 이런저런 일로 모래알처럼 사라질까 두려워 매물을 거두게 됩니다. 시간에 따라 줄어드는 돈의 가치를 따져보았을 때, 한 번 매수세를 타면 무섭게 오르는 부동산의 특성을 감안했을 때, 이러한 두려움은 당연하고 그 이유는 합당합니다. 그럼에도 불구하고 이러한 매도자의 생각에는 시세차익을 얻기 위한 투자용 부동산도 여전히 실거주를 위한 부동산처럼 바라보는 시각이 존재합니다.

○ 팔아서 수익을 내봐야 살 게 보인다

전문 투자자의 목적과 실수요 투자자의 목적은 다릅니다. 실수요 투자자는 투자 가치와 실거주 가치를 동일 선상에 놓거나 혹은 실거주 가치를 더 위에 놓고 주택을 바라봅니다. 그래서 매도 후에는 같은 동네의 큰 평수 주택을 찾거나 상위 실거주 여건의 주택으로 넘어가는 것이 목적입니다. 반면 전문 투자자는 투자금 대비 높은 매매차익을 추구합니다. 그래서 시장의 상황에 맞춰 더 나은 수익률을 위해 상급지에서 하급지로 이동합니다.

문제는 최초 부동산 구매와 갈아타기를 통해 실수요 투자 성공을 맛본 후 주변의 아파트를 추가 매입하면서 전문 투자자의 길로 들어선 많은 동네의 다주택자들이 여전히 실수요 주택을 보는 관점을 벗어나지 못한다는 데 있습니다. 이러한 동네 다주택자들의 눈에 같은 지역이나 상급지는 내가 매도하고 다시 물건을 찾는 시간 동안 당연히 더 오르거나 거래 비용도 생각해야 하기 때문에 매도해도 살 게 없다고 생각할 수밖에 없습니다. 그리고 머뭇거리다가 상승장을 넘기고 매수세가 끊기면서 뒤늦게 후회하게 됩니다.

필자에게 투자용 물건은 투자 수익을 거두기 위해 존재하는 것이기 때문에 매수할 때 매도 계획까지 함께 세웁니다. 살 때의 거래 비용과 팔 때의 거래 비용을 같이 놓고 계산해서 최적의 매매 수익률과 그에 따른 매매차익을 목표로 설정하고, 팔고 나면 다음에 무엇을 살지도 미리 계획을 짭니다.

수익률을 기준으로 계획을 세우면 시세차익을 바라보는 관점이 달라집니다. 차액에 대한 양도세 누진과 중과세가 있기 때문에 양도차익을 무작정 늘리기보다는 매도를 통해 적정 세율로 한 번 정리하고 다른 물건을 매수하는 것이 이득임을 깨닫게 됩니다. 그리고 거주할 목적이 아니기 때문에 보유하는 동안 유동성과 매수세가 유지되어서 목표하는 가격에 이익을 실현할 수 있는지가 중요합니다. 실거주 가치는 그다음 판단 기준입니다.

간단한 예를 들어보겠습니다. 실거주 입장에서 아파트를 산다면 되도록 좋은 층, 좋은 동을 택해야 하지만 투자용 물건이라면 비선호층, 비선호동도 나쁘지 않습니다. 그만큼 투자금을 아낄 수 있고 저렴한 비용으로 깔끔하게 기본 인테리어를 해놓고 홍보하면 전세를 빼기도 수월합니다. 매도할 때도 선호층과 매수가 차이만큼 매도가도 따라가기 때문에 수익은 수익대로 내면서 매수 시 아낀 투자금으로 추가 투자를 할 수 있습니다.

　다른 예를 하나 더 들겠습니다. 좋은 입지의 아파트 1채를 팔면 같은 입지의 아파트는 사지 못하지만 대신 그 아래 입지의 아파트 2채 이상 살 수 있다고 가정해봅시다. 그럴 경우 저는 과감히 팔고 하위 입지 2채를 삽니다. 유동성의 온기가 퍼지면서 시차를 두고 가격은 따라가기 때문에 투자금 대비 수익률은 더 좋아집니다. 그리고 저렴한 금액으로 기본 인테리어를 한 뒤 공인중개사에게 후한 사례를 약속하고 의뢰하면 2급지라도 세입자를 잡는 데 문제가 없습니다.

　부동산을 매수하는 모든 투자자들이 제대로 매도해 최상의 수익을 내고 싶어 하지만 현실에서는 주저주저하다가 시기를 놓치고 헐값에 매도하는 사람이 많습니다. 불과 5년 전인 2015년만 해도 매도자의 등기부등본을 보면 2007년에 최고가로 매입한 후 낮은 가격으로 매도하는 경우가 많았습니다. 심지어 상승장이 한창이었던 2020년 1월에 필자가 매입한 가로주택 물건도 매노자가 산 가격보다 3천만 원이 낮았습니다. 그 시기와 가격을 보니 당시 재개발 사업의 흥망성쇠가 그려지면서 매도자의 마음고생이 공감되었습니다. 반면에 2019년에 같은 지역 내에서 매입한 재개발 물건의 경우 매도자는 2배의 양도차익을 얻었습니다.

이렇게 비슷한 시기에 매수한 비슷한 물건을 놓고, 어떤 사람은 적기에 매도해 이익을 내고 어떤 사람은 시기를 놓쳐 헐값에 매도하게 되는 이유가 무엇일까요? 물론 운이 따르기도 했겠지만, 부동산을 사고팔아본 경험이 다르기 때문입니다.

매수와 매도의 원리에서도 언급한 바와 같이 모든 물건은 파는 사람과 사는 사람이 있고 사기보다는 파는 것이 훨씬 더 어려운 행위입니다. 사는 사람은 돈이 있으면 가서 사면 되고 설령 물건을 놓쳐도 다른 것을 사면 되지만, 제값 받고 적기에 잘 팔려면 가판도 깔아야 하고 물건도 예쁘게 진열하고 홍보도 하면서 사람을 끌어야 합니다. 명품이면 알아서 구매하러 오지만 모두가 명품을 팔 수는 없으니 돋보일 방법을 찾아야 합니다. 비싼 물건일수록 고관여 상품이라고 하는데 알고 보면 부동산이 우리가 가진 물건 중에 제일 비싼 물건입니다.

사보기만 한 사람과 계획대로 사고팔아서 수익을 내본 사람 중 누가 더 돈 될 물건을 잘 알아볼지는 굳이 물어보지 않아도 알 수 있습니다. 하물며 부동산 중개소도 잘 팔아주는 곳과 잘 사다주는 곳이 다릅니다. 팔아서 수익을 낸 경험이 없으면 누가 잘 팔아줄지 알아보기가 어렵습니다. 팔고 나면 자식을 보내듯이 항상 뒤를 돌아보고 아쉬운 마음이 들지만 다시 생긴 투자금을 들고 새로운 부동산을 찾아 떠나는 흥분을 느끼기 시작할 때, 비로소 전문 투자자의 길로 들어설 수 있습니다.

ㅇ 입 고수에 쫄지 말자

부동산 투자와 공부를 하다 보면 경매, 땅, 상가, 오피스텔, 그 외 기타 등등 수없이 많은 분야의 엄청난 지식과 경험으로 무장한 많은 투자 고수들을 만나게 됩니다. 입 고수부터 해서 모두가 인정하는 업계 최고 실력자까지 하나하나 알아가면서 그 사람들이 내뿜는 신공과 아우라에 눌리기도 합니다. 가끔은 "나는 여전히 하수일 수밖에 없구나. 그분들이 하라는 대로 따라가기도 벅찬데 그 틈바구니에서 내가 수익을 낼 수는 있을까? 부동산은 나하고 안 맞는 것 같다."라며 지레 겁을 먹는 일도 있습니다.

저 역시 그런 분들을 만나고 한 걸음 나아갈 때마다 투자의 세계가 넓고 알아야 할 것들이 여전히 무궁무진하다는 생각에 겸손해지지만 그렇다고 겁을 먹거나 지레 포기하지는 않습니다. 투자에서 중요한 건 이익을 내는 것이지 화려한 기술을 뽐내는 것이 아니기 때문입니다.

화려한 기술들에 대한 수기를 읽다 보면 "와, 이렇게 할 수도 있구나!" 하고 눈이 돌아갑니다. 1년에 수십 차례 매매를 쉬지 않고 하는 이들의 열정을 보면서 "이 정도로 미쳐서 해야 하는 거구나." 라는 생각이 들 때도 있습니다. 그들이 두는 훈수에 고개를 끄덕이기도 합니다. 하지만 막상 그들의 수익을 보면 의외일 때가 많습니다. 세금을 제하고 나면 그 공력에 대한 수고비도 못 벌거나 이익과 손해를 반복하다가 제로에 수렴하는 경우도 허다하기 때문입니다. 반면에 1년에 1건, 안목을 믿고 사서 기다렸다가 파는 게 전부인데도 제대로 수익을 내는 사람도 있습니다. 생각해보면 매매 경험이 제일 많은 사람은 공인중개사인데 손님이 원하지 않으면 굳이 훈수를 두지 않습니다. 매매의 기술과 물건을 보는 안목, 그리고 매매를 많이 하는 것과 때를 기다릴 줄 아는 것은 다른 이야기이기 때문입니다.

투자하다 보면 물건의 개수를 중시하는 수집가도 보게 됩니다. 개수가 많다고 모두가 부자의 반열에 오르고 경제적 자유를 누릴 수 있는 것은 아닙니다. 집 여러 채를 샀다가 현금 흐름이 막히고 생활고가 생겨 안타까운 생을 마감한 한 가장과 가족 이야기이나 단기간에 몇십 채의 갭 투자를 했다가 부채를 관리하지 못하고 세입자에게 피해를 준 사례가 그 반증이라고 할 수 있습니다. 현금 흐름을 만들지 못하는 부동산은 팔기 전까진 세금 먹는 하마이고 그마저도 팔리지도 않을 때는 든든하기보다는 보기만 해도 답답해집니다. 투자는 양보다 질이 중요합니다.

지금까지 진정한 투자자로 거듭나기 위해서 무엇을 해야 하는지 말씀드렸습니다. 필요한 건 기술이 아니라 매수부터 매도까지 완결된 투자를 실행해서 제대로 수익을 만들 수 있는 능력이고, 그게 가능한 투자자가 진정한 고수입니다. 그러니 스스로 낮추고 움츠러들 필요가 없습니다. 아파트가 눈에 잘 들어오고 감이 오면 그것만 가지고도 충분히 즐거운 투자를 할 수 있습니다. 경매든 매매든 본인이 편안한 방법으로 1년에 1건만 해도 됩니다. 돈이 작으면 소형 아파트를 공부하면 되고 모델하우스를 보러 다니는 것을 좋아하면 분양권을 공부하면 됩니다. 화려한 입 고수의 말에 눈에도 잘 안 들어오는 분야의 책을 펴보고 고액 강의를 듣고 관심도 없는 지역과 물건을 보러 다녀도 실력이 늘지는 않습니다.

나만의 주특기를
만들어야 한다

내 집의 가격이 오르고 주변의 성공담에 동기부여를 받아 부동산 투자에 입문해 공부를 하다 보면 돈이 흐르는 새로운 세상에 눈이 뜨이고 경제적 자유를 얻을 방법을 발견했다는 기쁨에 엔도르핀이 마구마구 솟기 시작합니다. 다양한 부동산 투자 분야에서 기상천외한 방법으로 큰돈을 번 이야기를 특강이나 유튜브, 블로그를 통해서 들으면 정신을 혼미해질 정도입니다. 그러다 보니 많은 분들이 "아, 내가 한 번 해봤던 아파트 투자는 아무것도 아니구나. 어서 빨리 이 기상천외한 방법들을 모두 배우고 응용해서 단시간 내에 부자가 되고 싶다."라고 생각하고 아파트, 토지, 상가, 분양권, 재개발, 재건축, 경매, 기타 등등 다양한 강의를 동시다발적으로 듣기 시작합니다. 어떤 사람은 부동산 업계의 만물박사가 되겠다는 일념으로 작게는 5만 원에서 많게는 50만 원 이상 하는 수십 개의 강의를 섭렵하면서 수강생계의 유명인사가 되기도 합니다.

ㅇ 부동산 투자에 주특기가 필요한 이유

강의를 듣고 공부하는 것은 부동산 투자를 하는 데 꼭 필요한 것이고 시행착오를 사전에 방지해줄 수 있어 권장할 만하지만, 부동산 투자에서 만물박사가 되는 것은 그리 현명한 접근은 아닙니다. 투자자라는 업의 측면에서 볼 때 투자금은 한계가 있으므로 실패를 줄이고 지속 가능한 투자를 하려면 이것저것 시도하는 것보다는 수익을 꾸준히 낼 수 있는 나만의 실전 공식 한 개를 먼저 완성한 후 이것을 통해 투자금을 불려 다른 실전 무기를 만드는 것이 효율적이기 때문입니다. 그렇다면 지속 가능한 투자를 위한 나만의 실전 공식은 어떻게 만들어가야 할까요? 해답은 가장 이해가 빠른 종목으로 주특기를 선정해서 수익 경험을 내고 루틴을 만드는 것입니다.

예를 들어 저의 주 종목은 1억 원 이하의 투자금을 이용한 재개발 투자입니다. 길고 긴 부동산 시장의 하락과 상승을 거치며 구역 지정부터 관리처분까지 한 사이클을 자의 반 타의 반으로 경험한 덕입니다. 현재는 리스크를 최소화하면서 수익을 내는 공식을 개발하고 망설임 없이 매수·매도해 꾸준히 수익을 내는 단계에 이르렀습니다. 사실 제 주 종목은 수익의 크기나 투자 스케일로 보면 토지, 상가는 물론 심지어 아파트 투자만도 못할 때가 많습니다. 하지만 수익을 꾸준히 낼 수 있는 종목이 있다는 점에서 선순환을 만들어내고 있습니다.

> 뿌리 자산에서 나오는 기초 투자금 ⟶ 꾸준히 수익을 내는 주 종목 ⟶ 실현 가능한 투자 계획 및 예상 수익 ⟶ 성공 루틴을 기반으로 다른 종목의 효율적 공부 가능 ⟶ 안정적인 투자금 증가 및 심적 여유로 다른 종목 투자 성공 확률을 높임 ⟶ 자산 선순환 증가

주 종목이 있으면 뿌리 자산으로부터 나오는 기초 투자금을 안정적으로 불릴 수 있고, 그 기반으로 다른 차익형이나 수익형 투자를 통해 자산의 안정적인 선순환을 일으킬 수 있습니다. 이를 통해 다른 종목에 투자할 자금이 생기면서 실전 기회가 늘어나고, 경험이 쌓이면서 주 종목이 늘어나면 그만큼 나에게 오는 투자 기회는 더 많아집니다.

주특기 종목을 만드는 데 가장 중요한 것은 최종 매도를 통해 확정 수익을 낸 경험입니다. 매수하고 나서 오른 가격을 확정 수익이 난 것처럼 생각하지만 숫자는 시장 상황에 따라 언제든 바뀔 수 있

고 투자 매도 결정은 쉽지 않습니다. 또한 주특기 종목은 더 큰 스케일로 옮겨가야 합니다. 그래야 돈을 다루는 그릇과 리스크를 관리하는 능력이 길러질 수 있고 경제적 자유와 부의 증가를 빠른 시간 내에 달성할 수 있기 때문입니다.

○ 주특기 공부법 1: 투자 상품의 본질만 파악하자

부동산 공부를 시작하는 분들을 만나보면 공부가 미진해 생긴 실수로 인해 돌이킬 수 없는 손실로 이어지고 어렵게 마련한 투자금을 날려 영영 재기하지 못하지 않을까 하는 두려움을 가지고 있습니다. 그래서인지 다양한 부동산 용어는 물론 평생 들어보지 못한 건축법, 임대차법, 세법까지 광범위하게 섭렵하려고 노력하는 사람이 의외로 많습니다. 특히나 "먼 친척이 노후 대비를 위해 상가 분양을 받으셨다가 큰 손해를 보고 이혼 및 생활고에 시달리더라." 하는 이야기를 한 번이라도 들어본 사람이나 곧 은퇴를 앞둔 사람일수록 사전 공부를 더 많이 하고 뛰어들어야겠다는 생각을 많이 합니다. 공부에 자신 있는 분들은 실전 투자에 앞서서 스스로 전문적인 자격을 갖춰야 한다는 생각에 공인중개사를 비롯해 각종 자격증을 먼저 따기도 합니다.

충분히 이해가 가고 또한 좋은 방법일 수도 있겠습니다만, 그 노력이 과하다 보면 자칫 주객이 전도될 수 있습니다. 우리가 부동산을 공부하는 목적은 투자해서 돈을 벌기 위해서지 그 분야에 전문가가 되려는 것이 아니기 때문입니다. 투자자가 공부하고 집중해야 하는 것은 투자하려는 물건이 돈이 될지 판단하는 일입니다. 그것을 위한 컨설팅이나 실무 처리는 관련 전문가의 도움을 받거나 국가법령센터 앱이나 토지이용규제 앱 등에서 찾아보면 됩니다.

자, 그럼 그 물건이 돈이 될지는 어떻게 판단하면 될까요? 바로 투자 물건의 가격이 매겨지는 원리를 알고 단순화해 머릿속에 입력하면 됩니다. 가장 대표적인 물건인 아파트를 예로 들겠습니다.

아파트는 공산품이다

아파트는 이제 대형 마트에서 파는 공산품과 마찬가지입니다. 소수의 건설사가 기본사양, 중급사양, 고급사양, 최고급사양에 맞춰 찍어내고 있고, 수많은 앱을 통해서 지역별, 연식별, 브랜드별, 평형별로 호가와 실거래가, 전세가는 물론이고 수요와 공급, 전세가와 매매가의 차이와 같은 응용지표까지 마치 진열장의 상품처럼 한눈에 볼 수 있습니다.

대한민국을 이마트라 보면 KB시세는 공식 매장 가격이고 정부의 정책은 각종 판매 공지입니다. 이마트에서 판매 공지를 매월 내면 관련 공산품(=아파트) 판매에 영향을 미칩니다. 하지만 지역별 매장의 재고(=공급량)가 전부 다르고, 지역별 매장 방문 고객(=지역 실수요)이 다르고, 각 지역 매장 PB 브랜드(=지역 브랜드 아파트)로 인해 각 매장에서 가격 차이가 있습니다. 그러다 보니 매장별 수급을 보면서 물건을 떼다가 차익을 남기는 보따리상(=외지 투자자)들이 있습니다. 그들이 휩쓸고 가면 물건이 동나면서 가격이 일시적으로 올라가기도 하지만 다시 재고가 채워지는 곳은 가격이 원래대로 내려갑니다. 물건이 동나서 가격이 오르고 매장 공지가 별로면 방문 고객들의 발걸음이 멈추기도 하지만 그래도 누구나 아는 명품 브랜드 상품은 암암리에 꾸준히 팔립니다.

공산품 가격은 희소성(Limited Edition) 딱 하나다

점점 모든 게 정형화되는 아파트 시장에서 아파트는 공산품처럼 브랜드, 상품 가치, 구매자의 소득 수준에 따라 전용 상품으로 차별화를 하는 수준까지 왔습니다. 오직 차별화가 만드는 희소성이 가격 결정 요소의 전부입니다. 즉, 이 아파트가 얼마나 사람들이 원하는 한정판이냐가 중요하며 이것은 아파트 상품 가치와 커뮤니티가 만들어내는 입지 가치로 결정됩니다. 커뮤니티가 만들어내는 입지 가치는 정부나 건설사가 인위적으로 만들 수 없는 것으로, 그 지역을 구성하는 거주자와 지역에 속한 기업과 상권이 오랜 시간에 걸쳐 만들어내는 일자리, 교육 시스템과 같은 입지를 말합니다.

이렇게 자신에게 익숙한 종목을 골라 상품의 본질을 파악하고 가격이 만들어지는 원리를 알게 되면 어느 지역을 보더라도 응용할

수 있고 수익을 낼 수 있는 공식을 만들 수 있습니다. 굳이 어려운
법을 공부하지 않더라도 말입니다.

○ 주특기 공부법 2: 마지막에는 스스로 알아보자

부동산 공부를 시작하는 계기는 저마다 다르지만 공부하면서 접
하는 매체의 순서는 대부분 비슷합니다.

1. 서점에 가서 책을 본다.

2. 블로그의 글을 매일 읽어보면서 흐름을 따라가려 노력한다.

3. 부동산 카페에 가입해 사람들의 의견을 들어본다.

4. 유튜브를 시청한다. 특히 얼굴을 드러내고 하니 신뢰가 간다.

5. 수강료를 내고 고수들의 특강, 정규 강의를 섭렵한다.

6. 메신저 앱 커뮤니티에 가입해 정보를 얻는다.

7. 오프라인 모임을 통해 정보를 공유하고 같이 임장을 다닌다.

IT와 SNS 기술의 발전은 블로그나 카페, 메신저 앱, 유튜브와 같
은 부동산 공부를 위한 다양한 네트워크를 제공하고 있습니다. 이
러한 부동산 네트워크는 내 관심 지역의 정보를 알려주고 투자 결
정에 도움을 주는 든든한 비서입니다. 저 또한 투자를 시작할 때부

터 지금까지 위의 열거한 방법들을 꾸준히 실천하고 있고 이제는 자연스러운 일상의 활동 중 하나가 되었습니다.

하지만 투자가 거듭될수록 이러한 부동산 네트워크에 대한 의존이 심해지면서 쉽게 투자를 결정하고 나서 뒤늦게 걱정하는 일이 생겼습니다. 다행히 투자를 잘 마무리한 후 그 원인에 대해 생각해 보았습니다. 그 결과 집단 지성에서 얻은 정보를 자기가 공부한 실력으로 착각한 나머지, 위에서 열거한 1부터 7까지의 남의 말만 들었을 뿐 관심 물건에 대해 스스로 답을 찾아가는 과정이 빠졌다는 것을 알게 되었습니다.

부동산 투자 물건은 어떻게 찾으시나요?

"맞아요, 그래서 저도 관심 지역이 있으면 카페에서 의견도 구하고 블로그의 글도 읽고 유튜브도 보고 있어요."

"부동산 투자 물건은 어떻게 찾으시나요?"라고 묻는다면 10명 중 9명은 위와 같이 대답할 것입니다. 하지만 이 말에는 남의 말은 들었지만 자신의 판단은 포함하고 있지 않습니다. 우리는 신발을 살 때조차 정보를 찾고 다른 물건과 비교해서 왜 사야 하는지 생각하고 본인의 취향과 가치관을 바탕으로 스스로 판단해서 고릅니다. 하지만 부동산 투자를 위해 하는 것은 앞서 언급한 7가지 방법을 통한 견해를 듣고 마음에 드는 물건지에 가서 부동산 이야기를 마지막으로 듣고 결심하는 것이 대부분입니다. 그 과정에서 스스로 하는 고민이라면 자금 마련 정도이고, 물건지에 가서도 공인중개사 혹은 지인들과 주변을 돌면서 느낌 한 번 공유하는 정도입니다. 그렇다면 스스로 물건을 찾아가는 과정은 어떤 차이점이 있을까요? 여기 10가지 보기가 있습니다.

1. 인터넷에 표기된 숨겨진 시세가 아닌 현장의 드러난 시세를 파악한다.
2. 대장 지역부터 투자처까지 상위 입지의 시세를 파악해서 위계에 따른 가격 차이를 파악한다.
3. 실현되지 않은 호재로 인한 가격 거품이 있는지 파악한다.
4. 어느 지역 투자자가 오는지 파악해서 얼마나 주목을 받고 있는지 파악한다.
5. 내놓은 매물의 사연을 파악해서 가격 협상이 가능한 빈틈은 없는지 본다.
6. 재건축·재개발이라면 조합 사무실을 들러 돌아가는 분위기를 살펴본다.
7. 가보는 중개소가 매수 전문인지 매도 전문인지 판단한다.
8. 전세 매물의 동향을 파악해 실거주자들의 움직임을 예측해본다.
9. 월세수익형 상품의 경우 주변 임대료 시세를 파악해 적정 매매가를 판단해본다.
10. 매수부터 매도까지 계획서(Exit Plan)를 작성해본다.

부동산 공부의 시작은 앞서 언급한 여러 매체를 통한 듣기이지만 투자 물건을 온전히 내 것으로 만들려면 스스로 질문하고 답을 찾아나가는 훈련이 필요합니다. 그렇지 않으면 투자는 했지만 운에 기대는 투기가 될 가능성이 큽니다.

　지금까지 효율적인 부동산 투자를 위해서 어떻게 접근하고 공부해야 하는가에 관해 이야기했습니다. 부동산 투자의 성패는 고도의 전문 지식에서 오는 것이 아니라 돈이 되는 물건을 알아보고 투자해 수익을 내는 능력에서 옵니다. 돈 되는 물건을 알아보는 능력은 상품의 본질, 즉 가격이 만들어지는 원리를 이해하고 수익을 만드는 틈을 발견하기 위해 스스로 답을 찾아가는 훈련을 통해 길러집니다. 복잡한 법과 실무 처리는 전문가에게 맡기고 이제는 투자에 집중할 때입니다.

갭 투자도 결국에는
전세가 흐름이 중요하다

갭(Gap) 투자는 시세차익을 목적으로 주택 매매가와 전세가의 차액, 즉 갭이 적은 집을 고른 후에 전세를 끼고 주택을 매입해 일정 기간이 흐른 후 되파는 행위를 말합니다. 갭 투자 이전에도 전세 제도가 있는 국내 주택 시장의 특성을 이용해 전세를 끼고 주택을 매입하는 형태는 주택을 사고팔 줄 알면 누구나 할 수 있는 일반적인 부동산 거래 형태로서 오래전부터 존재해왔습니다.

이러한 특별하지 않은 거래 방법이 갭 투자라는 이름으로 처음 성행하기 시작한 것은 뉴타운과 재개발이 한창 이루어지던 2000년대 중반입니다. 당시에는 아파트가 아닌 뉴타운 예정지의 다세대주택을 전세 끼고 매입한 뒤 집값이 오르면 되팔아 양도차익을 내려는 투자자가 많았는데, 금융 위기 이후 뉴타운 계획이나 재개발이 중단되면서 큰 손해를 입고 사라졌었습니다.

그러다 금융 위기 이후 주택 가격이 하락하고 자산 보유가 불안해진 많은 사람들이 전세로 대거 몰렸습니다. 저금리 기조가 심해지며 월세를 선호하게 된 집주인들에 의해 전세 매물이 급감하자 전세 가격은 천정부지로 치솟았습니다. 이러한 전세 가격 상승은 하락하던 주택 가격과 맞물려 영남권 주요 도시의 전세가율을 70% 이상 올려놓았습니다. 이를 포착한 갭 투자자들이 몰리며 2009~2011년 사이에 부산 지역과 이후 울산, 대구 지역의 집값 폭등이 일어납니다.

이후 영남권에서 시작된 갭 투자의 열기는 수도권으로 이어졌습니다. 뒤늦게 전세 안정을 위해 허용된 전세자금대출이 전세 가격 상승에 기름을 부면서 강남의 대단지 아파트조차 자기자본 1억 원 내외로 매입할 수 있었습니다. 이에 투자자들이 몰리며 2013~2016년 사이에 집중적으로 매입했고 2017년 이후 수십억 원의 양도차익을 얻은 사례가 회자되면서 갭 투자라는 이름이 널리 퍼지게 되었습니다.

○ 갭 투자와 전세 레버리지 투자는 이란성 쌍둥이

갭 투자도 전세를 낀 주택 매입, 즉 전세 레버리지 투자의 일종이지만 선순환 투자에서는 서로 추구하는 목적은 다릅니다. 선순환 투자 시스템의 목적을 다시 한번 말하자면, 뿌리 자산을 통해 기초 투자금을 제공하고 그 제공받은 기초 투자금을 바탕으로 시세차익형 부동산인 줄기 자산에 투자해 투자금의 크기를 키웁니다. 그리고 키운 투자금을 가지고 월세수익형 부동산인 잎 자산을 매입해 월세 수입을 늘려 궁극적으로 경제적 자유를 얻고 투자 활동을 지속해나가면서 자산의 크기를 키워 부자가 되는 것입니다.

이러한 시스템의 근간이 되는 뿌리 자산은 지속적인 기초 투자금을 제공할 수 있어야 하는데, 전세 레버리지 투자는 이러한 뿌리 자산을 매입하기 위한 투자 방법입니다. 즉, 전세 레버리지 투자의 목적은 전세금의 지속적인 인상을 통해 2년에 한 번씩 기초 투자금을 제공하는 것입니다. 반면에 갭 투자는 시세차익형 부동산인 줄기 자산을 매입하기 위한 투자 방법입니다. 뿌리 자산에서 제공되는 기초 투자금은 소액이기 때문에 이 소액으로 매입할 수 있는 상품을 찾아야 합니다. 다시 말해 높은 전세가율을 가진 주택 상품에 투자해 일정 기간을 보유한 후 매도해 양도차익을 얻고 투자금을 불려야 하는데, 갭 투자는 이러한 목적을 달성하기에 좋은 투자 방법입니다.

이렇듯 갭 투자와 전세 레버리지 투자의 목적이 서로 다르기 때문에 둘 다 주택을 대상으로 하는 상품임에도 불구하고 선순환 투자 관점에서 투자처를 보는 기준은 마치 이란성 쌍둥이처럼 같으면서도 다릅니다.

전세 레버리지 투자의 경우 지속적인 전세금 인상이 필요하므로 매매가보다도 전세가 강세인 지역에 더 초점을 맞춥니다. 전세가는 100% 실거주 수요 기반이기 때문에 전세가 강세라는 것은 그 지역의 실거주 수요가 풍부하다는 말입니다. 또한 오랜 기간 안정적으로 투자금 생성이 가능해야 하므로 장기 투자에 적합한 투자처여야 합니다.

반면에 갭 투자의 경우 매수 이후 매매가가 얼마나 상승할 것인가에 초점을 맞추기 때문에 투자자를 불러오고 매매가를 상승시킬 수 있는 흥행성 높은 호재와 투자자들이 움직이는 방향, 즉 유동성에 주목합니다. 또한 월세수익형 상품을 매수하기 위한 중간 다리 역할을 하는 상품이기 때문에 중·단기 매도에 적합한 투자처여야 합니다.

인기 있는 주거 지역 중에는 투자자들이 좋아하는 호재도 있으면서 전세입자도 꾸준히 유입되어 전세가와 매매가가 동반 상승하는 지역이 있습니다. 그래서 전세가율이 높은 주택이 많은 상승 반전 시기에는 갭 투자와 전세 레버리지 투자의 구별이 뚜렷이 나타나지 않습니다. 하지만 상승장이 무르익고 인기 지역의 전세가율이 낮아지면, 갭 투자자들은 이익을 실현하고 다시 전세가율이 높고 흥행 가능성이 있는 지역으로 이동합니다. 반면에 선순환 투자를 하는 전세 레버리지 투자자는 매도하는 대신 보유세를 줄이기 위해 장기 임대주택 등으로 등록해 전세금 인상을 통한 투자금 생성을 지속합니다.

● 갭 투자의 마지막 손님도 결국 실수요다

"○○ 지역에 갭이 ○○ 미만인데 사람들이 아직 잘 몰라. 내 생각에 여기는 저평가라서 곧 투자자들이 몰려올 거야. 그러니까 지금이 들어갈 시점이야."

갭 투자의 성격상 기사를 보거나 주변에서 갭 투자에 관심 있는 분들의 대화를 보면 이러한 내용이 많습니다. 이러한 대화에는 지금은 가치가 없어 보이지만 조만간 유동성이 흘러올 것이라는 의미가 내포되어 있습니다. 유동성이 넘치는 상승장에서 보통 오고 가는 이러한 대화들은 현장에서 들으면 충분히 매력적이고 설득력이 있어서 당장 그 자리에서 계약금을 보내고 싶은 유혹에 빠지게 만듭니다. 하지만 여기에는 투자 가치를 매기는 중요한 기준인 펀더멘털(Fundamental), 즉 기초 체력에 대한 정보가 누락되어 있습니다.

좀 더 이해를 돕기 위해 주식 종목에 빗대어 보겠습니다.

"지금 ○○주식회사 주가 보이지? 지금 사람들이 잘 몰라서 주가
가 눌려 있는데 내 생각에 저평가라 곧 오를 것 같아. 그러니 지금
사둬."

같은 맥락을 주식 종목으로 빗대어보니 어떤 느낌이 드시나요?
부동산 대화일 때는 몰랐는데 주식 대화에서는 무엇인가 듣다 만
기분이 든다면 그것은 상대방이 이 회사의 경영 상태, 즉 수익을 내
고 있고 자본금이 튼튼한지에 대한 정보를 공유하지 않았기 때문입
니다. 다시 돌아가 위에서 언급한 갭 투자 대화에서 같은 기분으로
질문해봅시다.

"왜 저평가라 생각하는 거야? 그냥 싼 거 아니야?"

갭 투자가 높은 전세가율을 기반한 가격의 틈을 이용해 시세차
익을 얻는 방법이긴 하지만, 여기에는 반드시 현재의 가격이 저평
가인지 아니면 그 가격일 수밖에 없는지를 따져봐야 합니다. 풍부
한 유동성에 의해 무차별적인 상승이 이루어지는 시기에는 저평가
와 아닌 것의 경계가 불분명해집니다. 하지만 유동성이 지나가고
매수세가 진정되고 나면 저평가되었던 곳은 가치를 인정받고 오른

가격을 유지하는 반면 그렇지 않은 곳은 다시 제자리로 돌아올 가능성이 큽니다. 유동성이 지나가고 매수세가 진정된다는 것은 외부 투자자들이 들어와서 가격을 올리고 양도차익을 얻어 나갔다는 것을 의미하고, 그럼에도 가치를 인정받고 오른 가격을 유지한다는 것은 그 지역의 거주자들이 그동안 상위 지역과 벌어졌던 가격 차이가 투자자들에 의해 좁혀진 이유를 인정하고 그 물건을 매수하기 시작했다는 의미입니다.

그렇다면 저평가인지 아닌지는 어떻게 판단할 수 있을까요? 그 판단은 전세가 흐름을 통해 가늠해볼 수 있습니다. 매매가는 실수요와 투자수요가 섞여 있어 실수요 구분이 어렵지만 전세는 100% 실수요이기 때문입니다. 전세가의 흐름이 떨어지지 않고 유지되거나 상향하는 곳은 거주 가치가 있다는 것이기 때문에 거주 가치가 떨어지는 곳보다는 오른 가치를 인정받을 가능성이 큽니다. 반면에 실수요 기반이 안 되는 곳은 실수요 투자자의 선택을 받지 못한 채 갭 투자자의 전세 매물 증가로 전세가 하락으로 이어지고 이에 따라 자본 경색이 일어난 투자자들의 투매로 인해 매도가 하락으로 이어집니다.

지금까지 갭 투자의 정의와 역사를 짚어보고 전세 레버리지 투자와 어떤 차이점이 있는지, 그리고 갭 투자에 성공하기 위해 중요한 것은 무엇인지를 알려드렸습니다. 전세 레버리지 투자의 사촌격인 갭 투자도 투자금을 회수하고 수익을 내려면 결국 최종 실수요에 기댈 수밖에 없습니다.

실수요는 투자자보다 냉정하므로 유동성에 사탕발림한 지역도 실제 가치를 알아보기 마련입니다. 갭 투자처 선별의 시작은 투자자를 불러오는 호재와 유동성의 방향이지만 그 끝은 실수요를 불러올 수 있는 거주 가치임을 잊지 말아야 합니다.

재개발 투자에서 중요한 건
위험 관리다

주택 재개발 사업은 정비기반시설이 열악하고 노후 불량 건축물이 밀집한 지역에서 주거 환경을 개선하기 위해 시행하는 사업입니다. 정비구역 안에서 전면 철거 방식을 통해 주택 및 부대·복리 시설을 건설해 공급합니다. 주택 재개발 사업의 대상은 정비기반시설의 정비에 따라 토지가 대지로서의 효용을 다할 수 없게 되거나 과소토지로 되어 도시의 환경이 현저히 불량하게 될 우려가 있는 지역, 건축물이 노후 불량하거나 과도하게 밀집되어 있어 토지의 합리적인 이용과 가치의 증진을 도모하기 곤란한 지역, 정비기반시설이 현저히 부족해 재해 발생 시 피난 및 구조 활동이 곤란한 지역을 대상으로 합니다. 지자체 직권 혹은 해당 구역의 등기권리자의 2/3 이상의 동의를 얻어 구역지정을 하고 정비계획을 세운 후 조합설립인가를 거쳐 본격적인 사업추진절차를 밟게 됩니다.

○ 재개발 투자의 수익은 위험과 반비례한다

주택 재개발 사업 단계는 크게 구역지정, 조합설립, 건축심의통과, 사업시행인가, 관리처분 및 분양가 산정으로 나누어집니다. 각 단계는 지자체의 심사 및 승인을 받고 다음 단계로 넘어갑니다. 지자체의 심사와 승인은 추진 과정에서 반대 세력과 벌이는 각종 소송과 더불어 재개발 사업의 위험을 가늠하는 중요한 기준입니다.

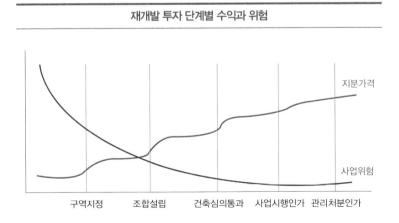

재개발 투자 단계별 수익과 위험

구역지정	조합설립	건축심의통과	사업시행인가	관리처분인가

지분가격

사업위험

각 단계를 하나하나 넘을 때마다 불확실성의 위험은 줄어들면서 사업속도는 빨라지고 기회비용은 줄어들지만 그만큼 계단식으로 가격이 올라가기 때문에 시세차익은 줄어들게 됩니다.

구역지정

구역지정 단계는 사업 위험도가 가장 높지만 그만큼 가격 프리미엄은 적습니다. 또한 평균 8~9년이 걸리는 사업의 초기 단계이기 때문에 주택의 노후도가 상대적으로 낮아서 상대적으로 높은 전세 가격을 끼고 투자할 수 있어 자기자본이 가장 적게 들어가는 시기이기도 합니다. 하지만 구역지정에서 제외되거나 구역지정이 되더라도 권리자의 30% 이상의 동의를 얻어 해제 신청을 할 경우 해제될 수 있는 점은 주의할 사항입니다. 구역해제가 된 지역은 재지정되기가 상당히 어려운 만큼 투자에 신중해야 합니다.

조합설립 및 건축심의

조합설립인가는 총회를 통해 권리자의 2/3 이상의 동의를 얻어 의결한 후 지자체에 의해 승인이 됩니다. 본격적인 이권이 개입되는 단계이기 때문에 지자체에 의해 승인이 나기 전까지 다양한 이해관계가 표출되지만, 승인 이후에는 승인된 조합이 사업에 대한 추진권한을 인정받기 때문에 본격적인 사업추진이 가능합니다. 또한 시공사 선정이 진행되면서 조감도와 추진안 등 진척 상황이 눈에 보이기 시작합니다. 기대감이 높아지면서 투자자 유입이 본격화되고 사업시행인가까지 지속해서 가격이 상승합니다. 반면 사업시행인가 전까지 사업에 반대하는 세력에 의한 각종 소송과 원하는 설계안이 건축심의를 통과하기 위한 제반 사항들을 해결해야 하므로 사업이 지연되는 경우가 왕왕 있습니다.

사업시행 및 관리처분

이 시기에는 종전 자산 평가 및 조합원 분양가가 결정되면서 투자 물건에 대한 정확한 프리미엄 산정이 이루어집니다. 또한 재개발 사업의 가장 주요 인허가가 완료되면서 대부분의 위험 요소가 해결됩니다. 이에 따라 사업의 불확실성 해소를 확신한 실수요 투자자가 본격적으로 유입됩니다. 다만 투기과열지구에서는 2018년 1월 25일 이후 사업시행인가를 최초로 신청한 사업장의 경우 관리처분인가 후 조합원 소유권 양도가 금지되는 점과 높은 프리미엄으로 많은 투자금이 들어가는 점은 고려할 사항입니다.

○ 소액 재개발 투자자를 위한 실질적인 팁

재개발 투자는 시행 단계마다 장점과 단점이 뚜렷하기 때문에 투자자 자신의 성향에 따라 투자 시기를 정할 수 있습니다. 특히 건축심의가 통과되고 사업시행인가가 임박하면 지자체나 시행사에 심각한 문제가 생기지 않는 한 사업은 끝까지 진행되기 때문에 높은 프리미엄을 감당할 충분한 투자금이 있다면 이 시기의 투자를 권장합니다.

한편 소액 투자자의 경우 자금력이 부족해 프리미엄이 적은 사업 초기 단계를 찾을 수밖에 없습니다. 불안 요소를 조금이나마 줄이고 수익을 낼 수 있는 몇 가지 팁을 소개합니다.

실제 투자금이 적은 물건을 찾자

초기 단계 물건은 감정가가 없어 정확한 프리미엄 산정이 안 되기 때문에 공시 가격이나 대지지분 따위를 가지고 감정가를 유추해 프리미엄 예상액을 산정하는 경우가 많습니다. 그러므로 섣부른 분석을 하기보다는 실제 투자금이 적게 들어가는 물건을 선택해 투자 위험을 줄이는 것이 현명합니다.

끝까지 가져갈 생각은 하지 말자

사업 초기에 들어간다는 것은 앞으로 남은 사업 기간이 더 길다는 의미이고 오랜 기간 투자금이 묶일 수 있다는 말입니다. 자식 증여와 같은 특별한 사정이 아니라면 사업 단계를 고려해 적절한 시기에 수익 실현을 하고 다른 사업장을 찾는 것이 현명합니다.

반드시 내부를 확인해 상태를 점검하자

기본적으로 주택 재개발은 낙후된 지역을 대상으로 하므로 사업 초기라 하더라도 노후화된 주택이 많습니다. 투자금을 줄이려면 전세를 끼고 사야 하기 때문에 전세입자가 들어가 살 만한지 반드시 내부를 확인해보아야 합니다. 위험이 큰 사업 초기의 경우 상황이 안 좋아져 매도가 힘들어지면 상황이 나아질 때까지 보유해야 하는데 이때 내부 상태가 안 좋으면 임차에도 문제가 생길 수 있습니다.

조합이 있다면 반드시 찾아가서 분위기를 살피자

구역지정 단계에서는 추진위, 조합설립인가 이후 조합이 결성되는데, 한 번은 찾아가서 분위기를 살피는 것이 좋습니다. 사업의 성패는 임원진과 조합장에 달렸다고 볼 정도로 그들의 역할이 중요합니다. 아무리 좋은 입지에 사업성을 갖춘 곳이라도 조합이 형편없고 조합원과 충돌이 잦다면 사업은 지지부진할 수밖에 없습니다.

초기 단계에선 사업성보다 흥행성이 중요하다

초기 단계 투자의 목적은 프리미엄이 없거나 적은 물건을 갭 투자한 후 사업이 진행되고 위험이 해소되면서 오른 가격으로 2차 투자자에게 매도해 양도차익을 얻는 것입니다. 그렇기 때문에 분담금과 같은 사업성을 따지기보다는 매도를 원활하게 해주는 흥행성과 매수세를 눈여겨보는 게 좋습니다.

지금까지 재개발 투자가 어떻게 진행되고 단계별 수익과 위험을 살펴봤습니다. 재개발 투자는 적은 투자금으로 많은 수익을 낼 수 있는 좋은 투자 상품이지만 개발 기간이 길고 그 과정에서 다양한 이해관계가 충돌하는 사업입니다. 그런 이유로 초기와 중간, 마지막 단계에서의 접근 방법이 다릅니다. 다소 투자금이 많이 들지만 그만큼 사업 진행의 위험을 줄이고 싶다면 마지막 단계에서 들어가면 되고 투자금이 부족하다면 초기와 중간 단계에서 투자하면 됩니다. 중요한 것은 최종 이익을 얻을 때까지 위험을 관리하는 것입니다. 그리고 그 관리의 핵심은 행여나 사업에 문제가 생겨 기간이 늘어나고 매수세가 빠져도 버틸 수 있는 여유를 만드는 것입니다.

가로주택 투자에서 중요한 건 조합설립 여부다

    가로주택 사업은 도시재생사업의 일환으로「빈집 및 소규모주택 정비에 관한 특례법」제2조의 3항에 의거해 노후 불량 건축물이 밀집한 가로구역에서 종전의 가로를 유지하면서 소규모 주거 환경을 개선하기 위한 사업입니다. 가로주택 정비의 사업요건은 도시계획도로 6m 이상 도로로 둘러쌓인 1만m² 미만의 가로구역 전부 혹은 일부로서 구역 중간을 도시계획도로가 통과하지 않아야 합니다. 또한 노후 불량 건축물 수가 해당 사업구역 전체 건물 수의 2/3 이상이며 기존 주택 호수 또는 세대수가 10호(단독주택), 20세대(공동주택), 20채(단독주택+공동주택) 이상이어야 합니다.

○ 가로주택은 속도 빠른 미니 재개발이다

가로주택은 정부의 도심재생사업 활성화 정책에 따라 LH나 지역 도시공사에서 정비해제 구역을 주요 대상으로 설명회를 통해 적극적으로 홍보에 나서고 있습니다. 그 이유는 해제로 인해 재산상의 손해를 본 지역에 대안으로 제시할 수 있는 속도 빠른 미니 재개발 정책이기 때문입니다. 속도는 일반 재개발이 평균 8년 6개월 정도 걸린다면 평균 4년 정도 걸립니다. 재개발 전체 기간 중 가장 오랜 시간이 걸리고 불확실성이 큰 단계가 조합설립인가 이전 단계인데 가로주택은 가로 안에 있는 대략 20세대부터 200세대 정도의 소규모 권리자 중 80% 이상, 토지면적의 2/3 이상의 동의를 받아 국토교통부령으로 정하는 서류를 제출하면 정비계획수립과 구역지정 절차를 건너뛰고 바로 조합설립인가를 내주기 때문입니다. 그 이후 사업 단계는 재개발과 동일하지만 가로주택의 경우 조합원이 적기 때문에 사업시행인가와 관리처분이 동시에 나거나 2~3개월 안에 순차적으로 인가됩니다. 여기서 한 번 더 속도를 내게 됩니다.

사업기간 단축 외에도 가로주택 사업에 대한 이점은 많습니다. 가로주택 대상지역이 빌라와 단독주택 위주다 보니 2종 주거지역이 많은 점을 고려 대지의 조경기준, 건폐율 산정기준, 대지안의 공지기준, 도로에 의한 높이제한 기준, 채광방향 높이제한 기준 등을 완화해줍니다. 분양 시 임대주택을 넣는 등의 방법으로 지자체와의

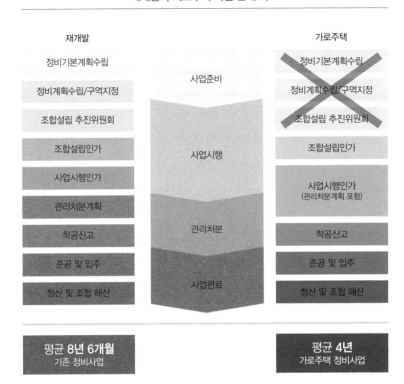

재개발과 가로주택 사업 단계 비교

재개발

정비기본계획수립

정비계획수립/구역지정

조합설립 추진위원회

조합설립인가

사업시행인가

관리처분계획

착공신고

준공 및 입주

청산 및 조합 해산

사업준비

사업시행

관리처분

사업완료

가로주택

정비기본계획수립

정비계획수립/구역지정

조합설립 추진위원회

조합설립인가

사업시행인가
(관리처분계획 포함)

착공신고

준공 및 입주

청산 및 조합 해산

평균 8년 6개월
기존 정비사업

평균 4년
가로주택 정비사업

자료: 경기도시공사

조율을 통해 층수 상향도 가능하게 법이 제정되어 있습니다. 또한 재개발·재건축의 경우 종전 주거전용면적 범위에서 자산 가치에 따라 2주택(이 중 1주택은 $60m^2$ 이하 조건)까지 공급받을 수 있지만 가로주택의 경우 3주택(이 중 2주택은 $60m^2$ 이하 조건)까지 공급받을 수 있습니다.

◉ 가로주택 투자처를 선별하기 위한 7가지 팁

　가로주택은 부동산 시장 활성화와 도심재생을 위한 좋은 대안이고 그 혜택도 많아 투자 가치가 좋습니다. 하지만 아직까지 재개발·재건축이 불가한 지역의 틈새 상품으로 많이 알려지지 않았습니다. 그만큼 재건축·재개발에 비해 낮은 프리미엄으로 매수할 수 있어 높은 수익률이 가능하지만 반면에 노출된 정보가 적고 성공 사례가 드물어 좋은 투자처를 선별하기 위한 선구안이 필요합니다. 이에 도움을 드리고자 가로주택 투자처 선별을 위한 10가지 팁을 공유합니다.

가로구획 단위 소규모 개발이라 정확한 사업명 확인이 필요하다

　가로주택 개발은 재개발과 같이 구역 단위 개발이 아닌 가로구획 단위 개발입니다. 즉, 구역보다 하위 개념이기 때문에 같은 재개발 해제 구역 안에서도 가로주택 사업이 가능한 구획과 어려운 구획이 나뉩니다. 그러다 보니 지자체에 제출하는 사업명의 제목은 통상 "△△빌라/○○ 빌라 가로주택안" 혹은 "△△동 ○○~○○ 번지 가로주택안" 등으로 명기됩니다. 하지만 인터넷을 통해 홍보할 때는 사업명대로 적으면 사람들이 잘 모르기 때문에 이전 재개발 해제 구역 이름이나 ○○동 가로주택으로 뭉뚱그려 홍보하는 경우가 많습니다.

구역의 오래된 부동산에서 물건을 찾을 수 있으니 먼저 물어보자

가로주택은 그 가로구역 내 주민이 대부분인 소규모 조합원을 대상으로 하므로 물건이 많지 않고 구역 내 공인중개사도 조합원인 경우도 많아 인터넷 홍보보다는 내부에서 거래되는 사례가 많습니다. 많이 알려지지 않아 설명이 필요하다 보니 물어봐야 소개해줍니다. 꼭 먼저 물어보길 바랍니다.

조합설립 여부가 제일 중요하다

가로주택에서 최대 쟁점은 조합설립 여부입니다. 재개발과 달리 정비계획수립과 구역지정, 추진위원회 구성이 필요 없다 보니 조합설립인가가 처음으로 총회를 열어 권리자의 공식적인 동의서를 받는 단계가 됩니다. 세대수가 적은 만큼 동의서 징구를 위한 권리자 파악에 용이한 반면, 소수의 반대로도 동의서 정족수를 채울 수 없기 때문에 조합설립을 위한 조건이 충족되었는지가 사업의 위험 요소를 고려하는 데 있어 가장 중요합니다.

어디에 무엇을 짓는가에 따라 투자 가치는 천차만별이다

가로주택 사업은 구획 내 노후 주택이 2/3, 20세대 이상, 연면적 1만m² 이내이면 다 가능합니다. 그렇기에 가로주택 사업지가 어디에 위치하고 무엇을 지을 수 있는가에 따라 투자 가치가 달라집니다. 예를 들어 인근에 대규모 아파트 단지나 대규모 재개발·재건축이 진행 중이라면 개선되는 생활 인프라를 공유할 수 있고 홍보 효과도 좋아 가치가 올라갈 수 있습니다. 또한 15층 아파트 건설이 가능한 상황이라면 투자 가치는 더욱 높아집니다.

신축 및 장기공공임대가 있는 가로구획은 피하자

모든 해제구역 내 가로구획이 다 되는 건 아닙니다. 세대가 적더라도 이해관계는 분명히 있기 때문에 구역 안에 무엇이 있는지에 따라 추진 자체가 불가능한 곳이 있습니다. 예를 들어 재개발 구역 해제가 되고 재산권 행사가 다시 가능해지면 대지지분이 큰 단독주택이 많은 곳은 건축업자들이 몰려오고 곧 신축 빌라가 들어섭니다. 신축 빌라 소유주 입장에서는 건물 가치보다 대지지분이 중요한 가로정비 사업은 득보다 실이 많고 신축이 1/3 이상 들어서면 현행법상으로도 사업추진이 어려워집니다.

또한 LH나 지자체에서 구획 내에 노인과 청년 임대를 위한 장기 공공임대용으로 빌라를 매입하는 경우에도 철거가 최대 10년간 불가하기 때문에 사업추진이 힘듭니다. 기타 교회, 상가 등 월세를 받을 수 있는 부동산이 많은 곳은 가로구획 안에 상가 건물 등으로 해결할 수 있어 큰 문제는 아니지만 확인해볼 필요는 있습니다.

가로주택은 대지지분이 중요하다

가로주택은 소규모 구획 안에서 행해지기 때문에 대지지분이 중

요합니다. 빌라, 단독주택이 가로길로 둘러쌓여 밀집해 있고 공유
지가 거의 없기 때문입니다. 그렇기 때문에 대지지분 넓은 주택의
매입이 가로에선 더 유리합니다.

큰 수익보다 빠른 수익을 기대하자

가로주택은 재개발이 안 되는 곳에서 소규모 가로구획 단위로
합니다. 그렇기 때문에 재개발과 같이 구역 전체의 극적인 변화를
기대할 수 없고 대체 상품의 특성상 투자 가치가 같을 수는 없습니
다. 투자 시 높은 양도차익에 대한 기대보다는 사업 속도에 비례해
빠른 수익 실현이 가능한 점을 장점으로 고려하는 것이 좋습니다.

지금까지 가로주택의 개요와 투자팁을 말씀드렸습니다. 시대가
변하고 사회적 요구가 달라지면서 부동산 시장도 새로운 변화를 맞
이하고 있습니다. 아직은 틈새 시장이고 주목을 받지 못하는 새로
운 상품도 미래에 얼마든지 주요 투자처로 바뀔 수 있습니다. 부동
산 시장에서 살아남아 지속적인 투자를 이어가려면 새로운 상품에
대한 편견을 버리고 열린 마음으로 바라보고 공부해야 합니다. 새
로운 기회는 준비된 사람에게만 문을 열어주기 때문입니다.

경제적 자유를 핑계로
숫자 싸움에 매몰되지 말자

<u>멘토</u>　"키즈야. 너는 얼마 정도 모으면 만족할 거 같아? 내가 얼마 전 회사 동료와 이야기하니 한 30억 정도면 괜찮을 거라고 하던데."

<u>대치동 키즈</u>　"글쎄요. 제가 사는 환경을 고려하면 그래도 100억 정도는 있어야 하지 않을까요? 작은 건물 하나는 올릴 정도는 되어야 할 것 같은데요."

<u>멘토</u>　"너도 알다시피 내가 여러 국가를 가봤지만 한국하고 중국만큼 숫자에 매몰되어 있는 곳도 없는 거 같아."

<u>대치동 키즈</u>　"숫자에 매몰되어 있다고요?"

<u>멘토</u>　"그래 맞아. 숫자에 매몰되어 있어. 너도 알다시피 내가 사업하면서 태국, 말레이시아, 중국, 미얀마 등등에서 사람들을 많이 만났어. 근데 만나 보니 태국이나 말레이시아 사람들은 인생의 계획과 생활, 가족과 하고 싶은 것들 등을 먼저 생각하고 그것을 하기 위해 얼마의 부를 쌓아야 할지를 생각하는데, 유독 한국하고 중국

사람들은 그런 계획들은 먼저 생각하지 않고 그냥 30억, 40억 그 자체에 몰두한다는 거지."

대치동 키즈　"그러고 보니 그렇기도 하네요. 사람들과 재테크에 대해서 대화해보면 그걸로 최종적으로 뭘 하겠다는 이야기보단 마치 게임처럼 '어디에 돈 넣었더니 얼마를 벌었네.'와 같이 돈 그 자체에 몰입하는 경향이 강하니까요."

멘토　"맞아. 다들 게임 점수와 등수를 올리듯이 자신과의 숫자 싸움에 몰입해 있는 듯해. 죽을 때 다 싸 들고 갈 것도 아닌데 말이야. 경제적 자유라는 건 말이야. 내 만족의 수준, 즉 돈 욕심, 숫자에 대한 욕심을 줄이는 데서 먼저 시작해야 해. 그러려면 나와 내 가족이 누리고 싶은 기대의 수준을 냉정하게 먼저 따져봐야 하지. 최단 기간 안에 실현 가능한 목표액 수준으로 기대 수준을 설정해서 빠른 시간 안에 경제적 목표를 달성하고 나면 숫자 싸움을 멈추고 생활과 나의 버킷 리스트를 누려야 하지 않을까?"

　　멘토와 대화를 하고 돌아가는 길에 '나에게 부동산 투자는 무엇을 위한 것인가?'를 다시 한번 곰곰이 생각해보았습니다. 여러분에게 부동산 투자의 의미는 무엇인가요? 전문 투자자를 포함해 많은 사람들이 부동산 투자를 통해서 부자가 되겠다고 하면서 자산 몇십억 원 달성과 같은 목표를 이야기합니다. 하지만 혹시 자신과의 숫자 싸움에 매몰된 것은 아닌가 하고 반문해볼 필요가 있다는 생각이 듭니다. 우리가 치솟는 부동산 가격을 보며 혹은 주변의 성공 무용담을 들으며 허탈한 것도 숫자 자체에 매몰되어 있어서일지도 모릅니다. 실상은 오른 자산을 팔아서 수익을 확정하고 의미 있는 무엇을 했다는 이야기를 들은 것도 아닌데 말입니다.

부동산 부자가 되겠다는 꿈은 어떨까요? 금융 기관들이 ○○ 이상 자산을 가진 사람들을 상대로 "당신은 부자입니까?"를 조사했다는 기사를 보면 응답자 대부분 자신은 부자로 생각하지 않는다고 한 것을 볼 수 있습니다. 이유는 응답자 역시 부자의 기준을 50억 원, 100억 원과 같은 숫자로만 해석하기 때문입니다. 이미 부를 이룬 그들조차 매년 떨어지는 돈이 가치로 인해 부자의 기준 금액이 달라져서 쫓아가기가 벅차다고 느끼고 있습니다.

하물며 우리와 같은 평범한 부동산 투자자에게는 숫자로 표현된 부자는 다가가면 멀어지는 신기루와 같은 것이 될 수밖에 없습니다. 신기루를 좇다 보면 결국 부동산 투자는 목적을 잃고 무한의 쳇바퀴를 돌게 됩니다.

부동산 투자를 통해 자산을 쌓으려고 하는 목적은 보다 현실적이고, 정량적이 아닌 정성적이어야 합니다. 그리고 그것은 단순히 막연한 부자가 되겠다는 것이 아니라 자산에서 나오는 수익을 통해 자본주의의 매트릭스(Matrix)에서 벗어나 경제적·시간적 자유를 얻기 위함이어야 합니다. 마치 영화 〈매트릭스(Matrix)〉에서 주인공 네오가 모피어스가 준 약을 먹고 시스템이 만든 가상 세계에서 빠져

나온 것 같이 말입니다.

그렇다면 여러분이 생각하는 경제적 자유는 무엇인가요? 경제적 자유가 돈 걱정 없이 사는 것이라면 과연 얼마의 돈이 있어야 할까요? 재산 가치가 수천억 원에서 수조 원에 이르는 재벌들도 항상 하는 것이 돈 걱정인데 말입니다. 자본주의에 사는 한, 버는 만큼 욕심의 크기는 커가고 씀씀이는 늘어나기 때문에 돈의 크기와 관계없이 돈 걱정은 언제나 할 수밖에 없습니다. 부동산 투자자로서 그리고 한 가정을 지키는 남편이자 아내로서 경제적 자유를 조금 더 깊게 생각하지 않는 이상 우리는 길을 잃고 금세 숫자에 매몰될 수밖에 없을지도 모른다는 생각이 듭니다.

이쯤에서 여러분의 고민에 도움이 될 만한 이야기를 하나 전해드릴까 합니다. 2018년 6월 9일자 〈중앙선데이〉에 나온 기사입니다. 읽어본 분들도 많겠습니다만, 제 생각엔 이 이야기의 노부부야말로 경제적 자유와 부의 의미를 나름대로 찾아서 누리고 계신 분들이라 생각됩니다.

스마트폰 들고 길 위에서 5년… 시애틀 은퇴 부부가 사는 법

시애틀의 근사한 집, 대형 자동차 그리고 요트. 2013년 1월 40여 년 커리어를 뒤로 하고 은퇴한 마이클(73)과 데비(63) 캠벨 부부의 주요 자산들이었다. 스무 살 첫 직장을 얻어 스포츠 프로모터로 일해온 마이클, 어린 나이부터 그래픽 디자이너로 경력을 쌓아온 데

비는 냉장고 문에 버킷 리스트를 붙여두고 은퇴 기념 첫 여행 계획을 세우고 있었다. 어느 날 여행지 목록을 유심히 보던 딸은 "이 정도면 아예 민박하면서 장기 여행을 해도 될 것 같은데."라고 말했다. '그런 방법이 있었네.' 캠벨 부부는 당장 에어비앤비 애플리케이션(앱)을 내려받고 통역 앱 사용법을 익혔다. 미국 시민이 해외에서 비자 받는 법, 국경을 이동할 때 주의점들을 숙지하고 나니 떠날 준비가 얼추 돼 있었다. 요트와 자동차를 팔고 집을 정리했다. 그리고 그대로 새로운 삶, 노마드의 삶으로 뛰어들었다. 세계 260여 개 도시를 방문하며 얻은 경험치는 5년 전과 비교할 게 아니다. 우선 에어비앤비로만 1000일 이상을 묵어 '슈퍼 게스트'에 등극했다. 뉴욕타임스 서평란에 실린 책(『Your keys, Our home』)의 저자가 됐고, 인기 여행 사이트(seniornomads.com)의 주인장이 됐다. 마이클은 "은퇴자금을 충분히 모을 수 있었다는 것만으로도 굉장히 축복받은 편이다. 미국엔 그렇지 못한 사람이 많다."면서 "하지만 절대 부자라서 이렇게 다니는 것이 아니다."고 강조했다. 시애틀에서도 썼을 생활비와 부부가 아직 건강하다는 점이 이들의 여정을 지탱하는 가장 큰 조건이다. 2남 2녀를 둔 부부는 자녀에게도 영감을 주고 있다. "우리 애들은 전혀 걱정하지 않아요. 로스앤젤레스에 사는 큰아들은 애들 둘 휴학을 시키고 1년간 가족과 세계여행을 다녀왔어요. 우리를 보고 쿨하고 자랑스럽다고 생각하는 거죠."

어떻게 느끼셨나요? 앞에서 멘토가 정의한 경제적 자유의 의미인 나와 내 가족이 누리고 싶은 기대의 수준을 냉정하게 먼저 따져보고 실현 가능한 경제적 목표를 달성해서 버킷 리스트를 누리는 좋은 사례이지 않나 생각합니다.

여러분도 여러분만의 경제적 자유가 무엇인지 한 번 찾아보면 좋겠습니다. 그러면 보다 빠른 시일 내에 현실 가능한 부의 목표를 발견하지는 않을까요? 긴 것 같지만 또 언제 마감할지 모르는 게 인생이니까 말입니다.

혼돈의 2020년,
부동산 시장을 맞이하는 자세

○ 코로나-19 팬데믹 위기, 어떻게 대응해야 할까?

2019년 12월 말 중국의 우한에서부터 시작된 코로나-19 팬데믹 (Pandemic, 대유행)은 2020년에 들어서면서 한국과 일본을 거쳐 유럽과 미국을 강타하며 전 세계적인 공포를 불러일으켰습니다. 항공과 물류가 차단되고 인구의 이동이 제한되면서 세계경제는 대공황 이후 유례를 찾을 수 없을 정도로 실물경제의 침체와 대량 실업을 양산하고 있습니다. 반면에 3월을 기점으로 고점에서 -30% 이상 하락했던 증시는 각국 정부의 대규모 금리 인하와 재정 정책에 힘입어 반등하면서 상당 부분 회복하고 있습니다. 이렇게 코로나가 일으킨 실물경제와 자산 시장의 탈동조화 현상은 부동산 시장에도 예외 없이 나타나고 있습니다. 이번 장에서는 코로나 사태가 불러온

사회경제적 변화를 살펴보고 어떻게 대응해나갈지 알아보도록 하겠습니다.

금융 충격과 경제공황이 오면 왜 현금을 확보해야 할까?

코로나-19 팬데믹으로 인해 세계 각국이 내놓은 정책 중에 특이한 공통점이 하나 있습니다. 바로 현금 살포 정책입니다. 그 범위가 기업의 어음(CP) 만기 연장부터 개인에 대한 직접 살포까지 광범위하게 추진되고 있습니다. 미국은 1인당 1천 달러를 직접 손에 쥐여주기 위해 무려 2,400조 원의 재정계획도 마련했습니다.

이렇게 다양하고도 대규모로 이루어지는 금융정책의 이면에는 예측하지 못한 위기로 인한 시장의 공포가 만연하면서 생기는 신용경색과 현금 부족이 원인으로 작용합니다. 이번의 코로나-19 팬데믹 사태에서도 이러한 현상은 어김없이 발생하면서 뉴욕을 비롯한 여러 지역의 은행에서 현금 부족 사태가 발발하고 있습니다. 우크라이나는 중앙은행의 현금 부족 사태까지 일어났고 달러가 없어서 금까지 대량으로 팔면서 금값마저 일시적으로 하락할 정도로 전 세계가 아우성을 쳤습니다.

하지만 아이러니하게도 코로나-19 팬데믹 사태의 불과 한 달 전만 해도 전 세계는 오히려 풍부한 유동성을 걱정해왔습니다. 유동성도 돈의 흐름을 말하는 것인데, 그 많던 유동성은 다 어디로 가고 모두가 현금 부족을 외치고 있는 것일까요? 여기에는 우리가 알고 있는 돈에 대한 다른 면이 숨어 있기 때문입니다.

1. 본원통화와 신용통화

유동성의 대부분을 차지하고 있는 것은 본원통화, 즉 실제 찍어낸 돈이 아닌 신용통화, 즉 금융 거래 실적과 자산 가치를 담보로 채권·채무를 위해 화폐의 기능을 대신하는 증서들입니다. 이는 금융 시스템 안에서 돈(숫자)으로 표시되고 있지만 실제로는 선물이나 현물, 옵션처럼 특정 가격으로 거래를 이행한다는 약속에 불과합니다. 그렇기 때문에 코로나 같은 갑작스러운 사건으로 인해 약속의 신뢰가 깨지는 순간 의미가 없어집니다. 그리고 그 약속을 기반으로 투자한 투자자들은 거래 증서들을 내던지고 실체를 찾게 되는데 그것이 바로 본원통화, 즉 현금입니다. 하지만 현금은 실물이기 때문에 무한대로 늘어난 신용통화와 달리 한정적입니다. 결국 거래 증서를 내던지고 현금으로 바꾸려는 수요가 폭증하면서 증시가 폭락하고 현금 부족이 생기게 됩니다.

2. 실물화폐 경제의 붕괴

금융 시스템이 채권·채무에 기반한 신용화폐로 돌아가지만, 그 근간에는 실물화폐 경제를 돌아가게 하는 가계와 기업의 생산·소비 활동이 있어야 합니다. 생산·소비 활동을 통해서 화폐가 돌고 돈이 모이는 곳에서 상장 기업이나 부동산과 같은 자산의 가치가 형성되기 때문입니다. 금융 시스템은 그렇게 형성된 기초 자산을 기반으로 주식 등의 증서를 통해 자산을 유동화해서 신용 거래를 일으키고 가치를 부풀려 매매차익을 얻습니다. 그러므로 실물경제의 생산·소비가 원활하지 않으면 화폐가 돌지 않으니 자산 가치는 줄어들게 됩니다. 쪼그라든 자산 가치로 인해 금융 시스템을 통해 들어오는 돈은 줄어드는데 운영비는 고정적으로 나가니 돈이 모자라게 되는 것입니다.

3. 부동산 시장도 마찬가지

부동산 시장도 마찬가지입니다. 다만 부동산 담보를 기반으로 각종 2차, 3차 파생 신용화폐(증서 거래)를 만드는 미국에 비해 한국은 관련 시장이 활성화가 안 되어 있다 보니 좀 더 실물화폐 시장에 가깝습니다. 그래서 서브프라임과 같은 신용 붕괴 사태가 일어날 가능성은 적지만, 대출이라는 1차 신용화폐와 연결되어 있기에 하락장이 오면 현금이 필요해지기는 마찬가지입니다. 실물경제에 충격이 와서 화폐가 돌지 않으면 자산 가치가 내려가면서 이에 기반한 대출 거래에 대한 약속의 신뢰가 깨지기 때문입니다. 내 손에 주어진 돈만 실제 현금이고 그 외에 모든 금융기관에 찍힌 숫자는 채권·채무를 증서화한 약속입니다. 상승하는 자산을 담보로 문제없이 유지되던 약속에 균열이 생기는 순간 톱니바퀴는 어긋나고 그 간극은 내 손에 쥐어진 현금으로 메꿔야 합니다. 하락장에 현금이 부족해지는 이유입니다.

부동산 투자에서 현금은 매우 중요합니다. 몇몇 전문가들은 급격히 떨어지는 현금 가치를 강조하며 현금은 쓰레기이니 어떠한 자산이라도 사라고 말하지만, 갑작스러운 위기가 오고 공포로 인해 폭락이 시작되면 자산 매매가 얼어붙으면서 시간적 여유를 상실한 부동산 투자자는 급격한 자금 경색에 빠지게 됩니다. 결국 부동산 투자에서 부도가 나며 자산을 잃고 시장을 떠나게 됩니다.

그렇다면 반대로 이러한 폭락장이 오면 모든 자산을 팔고 현금화해야 할까요? 그렇지 않습니다. 역사적으로 급격한 폭락의 시기는 길어야 1년 이내로 짧았기 때문에 그 시기만 잘 지나면 공포는 진정되고 시장은 안정을 찾습니다. 그리고 기술적인 반등을 하면서 거래가 트이면 그때 자산의 일부를 매각해서 현금을 추가 보유해 대비할 수 있습니다. 즉, 그 짧은 신용 경색의 시기만 버틸 수 있는 현금만 확보할 수 있으면 위기를 극복하고 오히려 싼 값에 좋은 자산을 매입하는 기회를 맞이할 수 있습니다.

눈여겨보고 대비해야 할 부동산 시장의 위험 요소

부동산 시장에서도 증시와 마찬가지로 코로나-19로 인해 이어질 실물경제의 중지(Lock-down) 기간을 버티지 못한 한계 기업의 소식은 항상 경계해야 할 리스크입니다. 지난 2010년 저축은행 사태가 그리했듯이 금융 시장의 부실은 언제나 부동산 시장 침체의 방아쇠(Trigger)로 작용해왔습니다. 이와 관련해 눈여겨보고 대비해야 할 몇 가지 부동산 관련 위험 요소를 알려드립니다.

1. 코로나-19로 인한 신용 경색과 부동산 PF 자금 조달 문제

지난 금융 위기 때 부동산 시장의 침체를 가속화한 것은 저축은행 사태로 인해 부동산 프로젝트파이낸싱(Project Financing, PF) 시장이 타격을 입었기 때문입니다. 지금은 증권사들이 부동산 개발 PF 시장의 주 고객입니다. 코로나로 인해 단기 조달 금리가 급격히 상승하고 금융위원회 권고에 따라 재정 건전성을 확보하려는 경향이 강해지면서 최근 증권사들은 신규 PF 중단 및 기존 PF의 재검토에 들어가고 있습니다.

상대적으로 미분양 가능성이 큰 지방권역 중소 규모 사업장을 시작으로 불안감이 고조되는 가운데 건설업계 및 시행사들의 자금 조달 여건도 갈수록 악화하고 있습니다. 특히 신용도가 높고 상대적으로 우량 사업장을 보유한 대형사보다는 지방 사업을 추진하는 중견 주택 전문 업체들의 자금 조달에 난항이 예상됩니다. 지방의 재건축·재개발 투자를 추진하고 있는 분들은 건설사가 대형사인지 중견사인지도 따져봐야 할 상황입니다. 지난 금융 위기 때 많은 재개발 사업장이 주저앉은 이유가 수요 급감으로 낮아진 사업성과 PF 자금 확보 문제로 LH를 비롯한 시행사에서 발을 뺀 것이었습니다. 주의 깊게 볼 필요가 있습니다.

2. 은행권의 대손충당금 확충 움직임

그동안 대출 확장에 치중했던 은행권이 이번 팬데믹으로 인해 한계 상황에 몰린 대출자의 연체율이 높아질 우려에 놀라 급하게 대손충당금 확충에 나섰습니다. 아무리 한국은행이 지급 준비율 가이드라인을 낮춘다고 하더라도 부실 책임은 각 은행이 지게 마련이기에 이러한 현상을 막을 수는 없어 보입니다. 특히 개인 여신은 상대적으로 리스크 관리가 취약한 신용대출 위주로 부실 가능성을 차단하는 데 주력한다는 소식이 들리고 있습니다. 단기 비담보대출부터 하나하나씩 만기 회수하겠다는 이야기로 부동산 투자자들은 만기가 가까운 신용대출이나 마이너스 통장을 미리 확인하고 대응하면 좋을 것 같습니다.

3. 새마을금고 리스크

2010년 금융위원회의 철퇴를 맞으며 정리된 저축은행이 사업 확장에 주춤거리는 사이 그 바통을 새마을금고가 받으면서 PF 대출 확장을 통해 몸집을 키웠습니다. 금융감독원에 따르면 2019년 10월 말 기준 새마을금고 집단대출 잔액은 5조 4,800억 원으로 전체 상호금융 집단대출(9조 7,800억 원)에서 56.1%를 차지하고 있습니다. 그 대출 영업 활동이 과거 저축은행 문제를 일으킨 동일권역 무제한 대출 방식과 같다는 것이 위험 요소입니다. 지난해에는 새마을금고에서 집단대출이 급격히 늘어난 것이 문제가 되면서 금융 당국이 규제 강화에 나서기도 했습니다. 집단대출은 자신이 은행을 선택할 수 있는 게 아니기 때문에 분양권 투자를 한 투자자가 대응할 수 있는 부분이 많지 않다는 점이 우려됩니다.

4. P2P 대출 연체율 증가

P2P 대출의 연체율 문제는 오늘내일 문제가 아니지만, 이를 이용한 부동산 담보대출 규모가 개인 부동산 담보 P2P 대출액을 처음 공시한 2017년 3월 655억 원과 비교해 14.6배 증가한 1조 원에 육박했다는 건 주목해봐야 할 것 같습니다. P2P의 경우 1, 2금융권 대출 부적격자에게도 대출 한도가 80% 이상, 많게는 90%까지 나오기 때문에 부동산 투자 확장 시기에 이용하는 투자자들이 많아진 것이 원인입니다. 그리고 펀딩 업체는 이 대출을 유가상품화해서 소액 투자자들을 모읍니다. 마치 미국의 서브프라임모기지와 흡사한 패턴입니다. 문제는 연체율이 평균 8% 이상, 1위 업체는 18%

이상이라는 겁니다. 가장 약한 연결고리로 볼 수 있습니다. P2P 대출을 한 투자자는 이제는 조금씩 정리하는 것이 좋아 보입니다.

지금까지 코로나-19 팬데믹 위기에 대응해 부동산 투자자들이 어떻게 대응해야 하는지에 대해 알아보았습니다. 국내 금융사 리스크는 금융회사뿐만 아니라 금융 당국의 제재에서 오는 경우도 있습니다. 국내 부동산 투자 계획은 이런 리스크도 고려해야 합니다. 상승장이든 하락장이든 투자 시장에 남아 있어야 내 몫이 생기기 때문입니다.

◉ 상승하는 증시와 추락하는 경제의 괴리를 어떻게 봐야 할까?

코로나-19 사태 이후 각국의 금리 인하와 재정 정책을 통해 주체할 수 없을 정도의 현금 세례를 받은 각국 증시는 3월의 폭락 이후 각종 실물경제의 악화 소식에도 아랑곳하지 않고 미래를 바라보며 반등하고 있습니다. 반면에 코로나 사태의 빠른 종식과 함께 V자 반등이 예상됐던 실물경제는 예상보다 심한 타격을 입으며 U자혹은 L자 형태의 지속적인 침체가 거론되고 있습니다. 이렇게 현금주사를 맞고 미래의 낙원을 꿈꾸며 올라가는 증시와 현재의 수요 증발을 온몸으로 맞으면서 침몰하고 있는 실물경제 사이의 괴리가 나날이 커지다 보니 그사이에서 줄타기를 하는 부동산 투자자들은 방향성을 잃은 채 난상토론을 거듭하고 있습니다.

주식이나 채권 등과 같은 자산의 일종으로 부동산을 해석하는 사람들은 "이번 사태로 더욱 늘어난 유동성, 돈의 힘으로 인해 지금의 주식 시장처럼 부동산 시장도 돈 가치 하락 속도가 빨라지며 다시 오를 것이다. 즉, 돈과 수급 앞에 장사 없다."라는 해석을 내놓고 있습니다. 반면 실물경제와 밀접하게 붙어 있는 주택이나 아파트로서 의미에 무게를 싣는 사람들은 "기업이 어려워져 실업자가 많아지면 결국 대출 연체로 인해 시장의 악성 매물이 늘어나면서 본격적인 하락장을 맞을 것이다. 즉, 무너지는 경제 앞에 장사 없다."라고 해석을 내리고 있습니다.

양쪽의 견해가 서로 일리가 있지만 그에 따른 부동산 투자자의 대응은 급매하고 탈출이냐 아니면 미래를 바라보며 버티느냐로 명확하게 갈립니다. 그러다 보니 이러지도 못하고 저러지도 못한 채 사태를 예의 주시하고 있습니다.

향후 부동산 시장이 어느 손을 들어줄 것인가를 알기 위해서는 상승하는 증시와 하락하는 실물경제와의 괴리가 일어나고 있는 이유를 먼저 알아야 합니다. 증시의 종목을 이루는 것은 기업과 원자재, 부동산과 같은 실물자산이기 때문에 증시와 실물경제와의 괴리는 일시적일 수밖에 없고 결국은 같은 방향으로 수렴하게 됩니다. 그렇다면 수렴할 증시와 실물경제의 방향이 위로 향할 것이냐 아래로 향할 것인가에 자산 시장의 승패가 달려 있다고 봐도 과언이 아닙니다.

증시가 기대하는 것은 코로나-19 이후 억압 수요의 폭발

현재의 경제 상황만 놓고 보면 다들 쉽게 "그러면 실물경제가 지금 너무 안 좋으니 결국 하락으로 가겠네?"라고 생각할 수 있습니다. 하지만 자산 투자자의 관점에서는 그렇게 단순히 생각할 문제는 아닙니다. 막대하게 풀린 유동성과 코로나 사태 이후 나타날 수요의 폭발 및 공급 차질은 필연적으로 자산을 포함한 재화의 가격 상승을 불러올 것이 뻔하기 때문입니다.

더군다나 코로나로 인해 농산물의 주요 수출 지역인 미국과 아시아의 생산량이 감소했고, 선진국의 주문이 끊기면서 멈춘 중국, 인도, 베트남의 공산품 공급망은 대량 파산으로 인한 업계 정리와 함께 생산량 축소로 이어질 수밖에 없습니다. 향후 억눌린 수요가 폭발할 경우 농산물과 공산품 전반적인 가격 상승을 부추길 가능성이 커 보입니다. 지금 월가를 비롯한 금융 시장이 이 사태에서 살아남을 대표 기업을 찾아 배팅하고 돈을 증시 상승에 밀어넣고 있는 이유는 바로 지금의 수요 절벽과 디플레이션 우려가 아닌 코로나 이후 벌어질 수요 폭발과 가격 상승을 바라보고 있기 때문입니다.

재화의 가격 상승은 부동산 시장의 가격 상승을 부른다

혹자는 이렇게 오프라인 유통이 다 문을 닫았는데 수요가 어디서 폭발하겠느냐고도 반문하겠지만, 유통은 수요와 공급을 이어주는 수단의 역할을 하고 중간 마진을 받는 산업임을 생각해보면 간단히 해결될 문제입니다. 소비자의 입장에서는 수단은 그리 중요하지 않습니다. 오프라인이 안 되면 온라인에서 원하는 물건을 얻으면 됩니다. 이미 아마존은 배송 수요가 폭발하면서 평소 2일 정도였던 배송 기간은 일주일로 늘어난 상태입니다. 온라인 시장은 발빠르게 소비자 요구에 적응하면서 오프라인을 대체해나가고 있습니다. 유튜브나 인스타그램으로 인해 대부분의 재화는 더 이상 직접 체험하고 살 필요가 없어졌습니다. 코로나는 오프라인에게는 재앙이지만 소비자와 생산자는 사정을 봐줄 여유가 없습니다.

재화의 가격 상승은 부동산 시장의 가격 상승을 부르게 되어 있습니다. 코로나로 인해 두려움에 떨면서 소비를 줄이던 시기에 느끼지 못했던 돈 가치 하락을 스프링 튀듯이 느끼게 될 것이기 때문입니다. 여기에 2023년까지 이어질 신규 주택 공급량 감소는 돈의 가치 하락에 대한 체감을 부채질할 것으로 보입니다.

지금의 주택 가격은 정부가 내놓은 부동산 정책의 가격 교란

그렇다면 지금 서울과 수도권에서 내려간 호가들은 무엇일까요? 이것은 12·16과 2·20 부동산 정책으로 인한 것들입니다. 가보면 대부분 5~6월 잔금 조건으로 6월 30일 전까지 매도를 통해 양도세 중과를 피하기 위한 조정지역 10년 보유 부동산입니다. 쉬운 이해를 위해 2020년 4월에 나온 기사를 인용해보겠습니다.

> 10일 강남권 중개업계에 따르면 강남구 대표 재건축인 대치동 은마 아파트 전용면적 84m² 주택형이 최근 19억 3천만 원에 급매물로 나왔다. 지난주 최저 호가가 20억 원 초반이었으나, 거래가 안되자 5천만 원 이상 더 떨어졌다. 지난해 12월 고점(23억 5천만 원)과 비교하면 3개월여 만에 무려 17%(4억 원) 이상 떨어진 값이다.

은마 아파트의 경우 전용면적이 딱 2개 평형(31평, 33평)이 있고 건물 노후도가 심해 로열동, 로열층의 가격이 그렇지 않은 곳과 그렇게 차이가 나지 않습니다. 그리고 재건축 속성상 부동산 심리에 민감한 점을 보았을 때 부동산 경기의 바로미터로 좋은 사례입니다.

그렇다면 은마아파트에 왜 4억 원이 떨어진 매물이 등장했을까요? 사업상의 문제로 인한 매도 등 개인적인 사정은 일반화하기 어렵기 때문에 사유에서 제외하면 2가지 정도의 이유가 남습니다. 하나는 6월 잔금을 통해 중과세 배제를 받기 위해 계산된 급매물, 또하나는 부동산 하락이 너무 두려운 나머지 무작정 던진 급매물, 둘 중의 하나가 요즘 시기와 맞물려 일반화할 수 있는 이유입니다. 그럼 둘 중에 어떤 게 맞는 것인지 살펴보겠습니다.

첫 번째 이유는 계산해보면 간단히 나옵니다. 중과세는 2주택은 10%, 3주택은 20%를 중과해 기본세율 6~42%에 더해 최대 62%까지 내게 되어 있습니다. 다주택자의 경우 장기보유 특별공제는 없습니다. 이러한 다주택자 양도세는 6월 30일까지 매도할 경우 10년 이상 보유 물건에 대해 중과세를 면제해주고 장기 보유특별공제까지 해주는 것이 12·16 대책을 통해 시행 중입니다. 먼저 은마 아파트 10년 치 가격 흐름부터 보겠습니다. KB부동산 자료인데 집계가 된 이후 평균 가격 흐름은 다음 그래프와 같습니다.

10년 동안 은마 아파트를 가지고 있는 2주택자가 23억 5천만 원에서 중과세를 받고 매도할 경우 기본세율 42%(5억 원 초과)에 10%를 얹어 총 52%의 양도세로 계산합니다. 7억 원을 내고 6억 5천만 원의 양

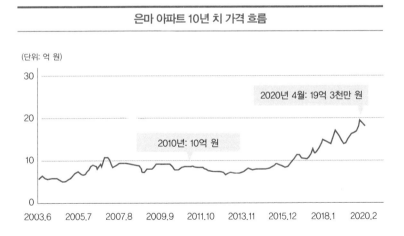

은마 아파트 10년 치 가격 흐름

(단위: 억 원)

2020년 4월: 19억 3천만 원

2010년: 10억 원

자료: KB부동산

도이익을 가져갑니다. 반면 12·15 대책을 적용받고 19억 3천만 원에 판다고 하면 42%에 장기보유특별공제 10년 20%를 적용받습니다. 총 22%의 양도세인 2억 원을 내고 7억 3천만 원의 양도이익을 가져갑니다. 4억 원을 내려 팔아도 8천만 원의 이익이 납니다. 즉, 뉴스에서 말한 전고점보다 4억 원이 떨어진 가격에 판다고 해도 6월 30일 전까지 팔 수 있다면 2주택자는 더 이익입니다. 이러한 매물들은 코로나가 아니더라도 시간에 쫓기면서 어차피 급매로 나올 매물들이었습니다. 다만 시장 수요가 얼어붙으면서 손해 보지 않는 선에서 더 저렴하게 나온 것입니다.

뉴스에서는 코로나 공포로 그렇다고 말하지만 정말로 코로나 공포로만 만들어진 상황이라면 지금쯤 은마 아파트 급매는 쌓여서 주체할 수 없을 정도여야 합니다. 계산된 소량의 매물이 나오는 지금을 그렇게 보기에는 조금 무리가 있습니다. 이러한 급매들은 정책 효과가 없어지면 자취를 감추게 됩니다.

마찬가지로 비조정지역의 경우 나오는 급매들은 매수 후 1년이 경과한 일반 과세 투자 물건들로 2020년 안에 팔아야 할 물건들입니다. 2021년이 되면 세법 개정으로 2년 이상 보유해야 일반 과세가 되기 때문입니다. 이러한 매물 역시 2020년 말이 지나면 사라집니다.

경제가 안 좋은데 자산이 오를까?

기업 파산으로 인한 부동산 시장의 하락 가능성은 국지적

기업 파산으로 인한 대량 실업자 양산, 그리고 가계 부채 연체로 인한 부동산 시장의 하락 가능성은 어떻게 봐야 할까요? 충분히 가능한 시나리오이지만 그 여파는 국지적일 것으로 보입니다. 과거의 사례를 보면 IMF는 기업과 금융이 한꺼번에 무너지면서 전 지역의 대량 실업 사태가 일어나고 부동산 시장 붕괴로 이어졌습니다. 하지만 금융 위기 때는 경제주체들이 무너지지 않았기 때문에 주택 수급에 따라 지역별 상황이 다르게 연출되었습니다. 그 결과 리먼 사태의 짧은 출렁임 이후에 2기 신도시가 건설되던 지역의 인근 주택 시장은 큰 폭으로 하락했지만 그런 게 없었던 지방 시장은 상승을 이어갔습니다.

2020년의 코로나-19 사태는 또 다른 조건입니다. 일부 기업은 파산하겠지만 IMF와 달리 금융 당국의 선제 조치로 금융 시스템은 건전성을 유지하고 있습니다. 그 때문에 전체 부동산 시장 침체보다는 지난 조선업 위기처럼 이번 사태로 인해 유동성 위기를 겪는 대기업을 지역 경제 기반으로 삼고 있는 거주지 위주로 국지적으로 나타날 가능성이 큽니다. 반면 그동안의 강력한 부동산 규제로 인해 주택 공급량은 상당히 감소했고 신축 수요로 인해 준공 후 미분양 역시 대부분 해소된 상황이기 때문에 금융 위기 때와 달리 집값의 상승 압력은 여전히 높습니다. 수도권의 경우 이러한 집값 상승 압력은 2022년부터 분양이 시작되는 3기 신도시 이전까지 지속할 것으로 예상합니다.

2020년 코로나-19 위기가 금융 위기와 다른 점

10년 전 금융 위기 때는 2003~2006년 사이에 급격한 금리 인상이 있었습니다. 그로 인해 유동성이 줄어들면서 무차별적으로 상승했던 정크 자산부터 돈이 서서히 빠져나갔고 서브프라임 유동화 증권에 문제가 생기면서 이에 물린 대형 금융회사와 시스템에 문제가 생겼었습니다. 하지만 지금은 오히려 전 세계적인 저금리 기조로 유동성이 풍부한 상황에서 코로나 사태를 맞이했고, 이로 인해 미국마저 제로 금리로 내리면서 유동성은 더욱 늘어나게 되었습니다. 양적 완화가 다시 개시되면서 미 연방준비제도는 회사채까지 매입하고 있습니다.

그리고 10년 전에는 문제가 무엇인지도 몰랐던 것에 비해 지금은 최소한 문제가 무엇인지는 정확하게 인지하고 있습니다. 문제를 알면 해결책이 보이게 마련이고 예측 불가한 위험(Danger)은 통제 가능한 위험(Risk)으로 바뀌게 됩니다.

무엇보다도 유동성은 본능적으로 이익이 되는 자산을 끊임없이 찾는 속성이 있습니다. 회전 속도가 가장 빠른 것부터 찾아 들어가서 회전 속도가 늦지만 가치가 오랫동안 유지되는 자산 순으로 흘러갑니다. 지금 늘어난 유동성은 회전 속도가 가장 빠른 증시에 들어가 있습니다. 그리고 이익을 본 유동성은 그다음 타자인 채권으로 가거나 부동산으로 흘러들어 올 것입니다. 흘러들어 오는 유동성은 지금보다 더 크고 강력합니다.

2008년 금융 위기 이후 경기는 좋았던 적이 없다

혹자는 "경기가 안 좋은데 자산이 오를 리가 있느냐?"라고 반문합니다. 하지만 그건 금융 위기 이전의 잣대로 보는 데서 오는 착시입니다. 금융 위기 이후 한국의 내수 경기는 좋았던 적이 단 한 번도 없습니다. 매년 안 좋았습니다. 가장 큰 이유는 저물가입니다. 내수가 좋다고 느끼려면 인플레이션이 일어나야 합니다. 즉, 비싸게 팔아도 잘 팔려야 내수 경기가 좋다고 느낍니다. 하지만 세계화로 인해 저가 수입이 가능해진 선진국의 물가는 저물가화된 지 오래입니다. 그리고 인터넷의 발달은 소비자로 하여금 전 세계의 모든 가격을 비교해 물건을 보게 만들었습니다. 즉, 비싸게 팔 수 없는 구조가 된 것입니다.

하지만 싸다고 해서 10개를 사던 사람이 갑자기 100개를 사지는 않습니다. 공간의 한계가 있기 때문입니다. 그 대신 가성비와 가심비를 따지면서 선별 소비를 하게 되었습니다. 즉, 잘 팔리는 20%만 팔리는 세상이 된 것입니다. 잘 팔리지 않는 80%의 공급자는 내수 경기를 좋게 느낄 리가 없습니다. 흔히들 쓸 돈이 부족해서 내수가 안 돈다고 생각합니다만 돈은 부족하지 않습니다. 넘치는 유동성은 지금도 어디론가 이익이 될 만하거나 가성비 혹은 가심비를 충족시키는 소수로 흐르고 있습니다. 그 소수가 무엇인지 아는 소수는 유동성의 길목에서 지금도 돈을 벌고 있습니다. 다수만 모르는 채 이리저리 쏠려가고 있을 뿐입니다.

지금까지 상승하는 증시와 하락하는 실물경제의 괴리를 투자자 입장에서 어떻게 바라볼 것인가에 대해 말씀드렸습니다. 상승이든 하락이든 때가 오면 결정을 하고 행동에 옮겨야 하겠지만 판단이 안 설 때는 지켜보는 것도 방법입니다. 주식은 방향성이 정해지면 손쓸 수 없을 정도로 빠지지만 부동산은 무거운 녀석이고 코스피처럼 전국 실시간 상황판이 있는 것이 아니기 때문에 국지적입니다. 시장의 방향이 정해지고 나서도 충분히 나오거나 들어갈 수 있습니다.

○ 코로나-19 이후 부동산 시장의 새로운 패러다임

정부는 5월 들어서 '사회적 거리 두기'를 종료하고 생활 방역으로 전환을 시작했습니다. 이는 일 평균 확진자가 50명 이하로 내려가면서 본격적으로 내수 경기의 활성화로 전환하겠다는 것과 마찬가지로 이와 관련해 하나금융경영연구소에서 흥미로운 내용을 발

주요 업종 회복 시기 비교

장기적인 영향

교육
2020.2Q

- 정부의 휴원 권고로 3월 중순까지 전국 학원의 휴원율이 상승(부산 70%, 서울 40% 상회)
- 고정비 비중 높은 중소형 학원의 재정 악화가 불가피
- 학습 공백이 디지털 기반 수업으로 대체되면서 에듀테크 업체의 반사이익 예상

화장품
2020.3Q

- 중국 경제 정상화로 중국 매출과 따이공 구매가 빠른 속도로 회복될 전망
- 다만 국내 소비심리 회복 지연으로 매출 회복까진 시간이 필요
- 특히 로드숍 중심 원브랜드숍 업체와 타격이 상대적으로 큰 편(매출 40% 감소)

IT소비재
2020.3Q

- 전 세계적인 수요 위축과 중국 생산 차질로 시장 침체
- 삼성, LG 공장 소재지인 인도, 베트남도 확진자 증가로 생산 차질, 중국향 부품업체들 피해 불가피
- 5G 수요 등으로 3분기부터 점차적으로 회복 예상

유통업
2020.3/4Q

- 바이러스 완화 이후 소비진흥책, 억압 수요 등으로 회복 예상
- 대인 기피로 접촉을 최소화하는 언택트(온라인, 키오스크 등) 소비 문화가 정착될 전망
- 면세점은 여행 수요가 회복되는 4분기 중 예상

자동차
2020.3/4Q

- 국내의 확산이 진정세를 보일 경우 개별소비세 인하와 신차 출시 등에 힘입어 자동차 내수가 회복될 전망
- 다만 수출과 해외 판매는 해외공장 셧다운, 수요위축 등으로 4분기 이후 평년 수준을 회복할 전망

정유/화학
2020.4Q

- 코로나19에 OPEC+증산이 겹치면서 국제유가가 20달러대로 폭락
- 공급과잉, 수요둔화로 주요 제품의 마진이 손익분기점 이하로 추락
- 수출의존도가 높은 산업 특성상 전 세계적으로 사태가 안정된 이후 회복 기대

해운/항공
2020.4Q

- 인적물적 이동 제한으로 항공업황이 정상화될 때까지 상당한 시일이 소요될 전망
- LCC 업체를 중심으로 실적악화 및 재무안전성 저하에 대한 우려가 확대될 전망
- 해운업 운임은 3월 중국 경제의 회복에 맞춰 회복될 전망

관광/숙박
2021.1Q

- 해외이동금지 장기화와 경기침제로 정상화가 지연될 전망
- 향후 6개월간 현 상황이 이어지면 방문객 수와 호텔업 매출 50% 내외 감소 예상
- 팬데믹이 종료되더라도 로컬 관광업자의 폐업 등으로 인프라 재구축에 상당한 시일이 소요될 것으로 예상

자료: 하나금융경영연구소

표했습니다.

　연구소는 국내 코로나-19가 진정세를 보일 경우 정부 소비 진작책과 억압 수요(Pent-up demand) 회복 등으로 내수 비중이 높은 유통 등 서비스업 회복이 가장 먼저 나타날 것으로 내다보았습니다. 특히 홈코노미(Home Economy)와 언택트(Untact) 소비문화가 새로운 구매 패턴으로 정착될 것으로 예상했고, 교육산업도 비대면 교육 서비스 매력도가 높아지면서 에듀테크 시장의 중·장기 성장이 기대된다고 전망했습니다. 코로나로 인해 사회경제적 패러다임은 홈코노미와 언택트로 전환되고 있는 것은 부인할 수 없는 사실입니다.

　여기서 주목할 내용은 거리 두기 종료 후 억압 수요 회복이 어떤 형태로 나타날 것인가입니다. 연구소에서는 유통의 회복을 전망했지만 이미 2개월여의 거리 두기 기간 동안 유통산업은 온라인으로 패러다임이 넘어갔습니다. 온라인 유통의 비중은 작년에 45% 점유율이 넘어섰고 2020년에는 오프라인을 능가할 것으로 예상됩니다. 직접 물류망을 가진 쿠팡은 이번 사태를 통해 온·오프라인 전체에서 가장 많은 점유율 상승을 이루어냈습니다. 거리 두기를 종료하더라도 집 앞 편의점이나 슈퍼를 제외한 대형 마트나 종합 쇼핑몰은 큰 반등을 이루기는 어려울 것으로 보입니다.

　반면 국내 관광과 관련한 숙박, 음식업은 억압 수요 회복으로 빠른 반등을 보입니다. 2020년 해외여행은 사실상 물 건너간 상태이므로 휴가철 여행 수요는 대부분 내수로 전환될 것이기 때문입니

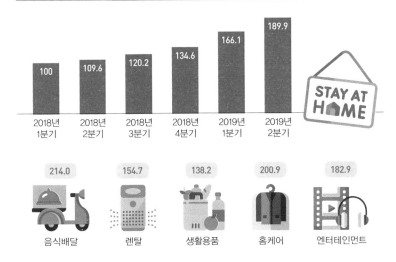

홈이코노미 관련 업종 분류별 성장세

- 2018년 1분기: 100
- 2018년 2분기: 109.6
- 2018년 3분기: 120.2
- 2018년 4분기: 134.6
- 2019년 1분기: 166.1
- 2019년 2분기: 189.9

STAY AT HOME

- 음식배달: 214.0
- 렌탈: 154.7
- 생활용품: 138.2
- 홈케어: 200.9
- 엔터테인먼트: 182.9

※ 2018년 1분기 일평균 결제 건수를 100으로 가정해 산출한 2019년 2분기 결제 건수 지수

다. 이에 여행업계는 생존을 위해 이미 발 빠르게 내수 상품을 내놓고 있습니다. 여행지 호텔, 콘도는 이미 풀가동 중입니다. 홈코노미와 언택트와 관련이 깊은 IT 기기, 통신, 가전, 게임, 인터넷 서비스, 온라인 강의는 오히려 매출이 증가하고 있습니다.

그렇다면 부동산 시장은 어떻게 될까요? 부동산 시장은 공간 서비스를 한다는 면에서 언택트와 거리가 먼 시장이지만 주택의 경우 홈코노미를 실현할 공간 그 자체입니다. 코로나로 인한 홈코노미와 언택트로의 패러다임 전환은 부동산 시장에도 마찬가지입니다. 상식적인 측면에서 몇 가지 예상되는 변화를 찾아보았습니다.

1. 거주 편의성이 좋은 주택 수요는 더욱 증가

주택 자체뿐만 아니라 도보 거리상에 거주 편의성이 좋은 지역의 수요는 더욱 증가할 것으로 보입니다. 지금도 분양 등 신축에 대한 수요는 시장 분위기와 관계없이 뜨겁습니다. 더불어 대중교통을 이용하지 않고 다닐 수 있는 반경 0.5~1km 이내 다양한 근린 시설이 잘 갖춰져 있는 곳은 실수요의 꾸준한 선택을 받을 것입니다.

2. 홈 시큐리티 부상

언택트 문화는 각 아파트 단지로 하여금 홈 시큐리티(Home security)의 강화에 투자하도록 할 것입니다. 이미 일부 고급 주거지역 대단지들은 게이트에서 체온 검사 등을 시행한 지 오래입니다. 앞으로 지어지는 민간 신축은 담장을 높이고 홈 시큐리티에 대한 계획을 어필하게 될 것입니다. 그런 측면에서 3기 신도시 일부에서 추진 중인 담장 없는 노출형 아파트는 논란과 평가가 엇갈릴 것입니다.

3. 홈 인테리어의 활성화

코로나 기간 동안 셀프 인테리어 관련 용품의 매출이 두 자릿수 이상 증가했습니다. 집에 있는 시간이 늘어나면서 이 시간을 더 잘 즐기기 위한 인테리어 투자에 돈을 아끼지 않았다는 것인데, 이러한 경향은 코로나 이후에도 지속할 것으로 생각합니다. 홈 인테리어가 되어 있는 집과 안 되어 있는 집 간의 전·월세 가격 차이도 더욱 벌어질 것으로 보입니다.

4. 낯선 사람들과의 접촉이 잦은 중심상권 및 종합 쇼핑몰은 쇠퇴

홈코노미와 언택트는 거주지와 떨어진 중심상권의 몰락을 가속시킬 것입니다. 이미 코로나로 인해 각 지역의 중심상권은 큰 타격을 입고 있습니다. 상업용 부동산의 패러다임은 중심상권에서 근린상권으로, 대형 종합 쇼핑몰에서 근린상권 내 다양한 공간 서비스로 바뀌어갈 것입니다.

5. 배달업에 최적화된 1층 후면 소형 상가의 인기

홈코노미와 언택트 생활은 배달업종을 더욱 활성화시켰습니다. 배달업종은 특성상 1층 후면의 소형 상가가 최적입니다. 공실이 걱정된다면 근린 상권 내 1층 후면 소형 상가를 눈여겨보길 추천합니다.

지금까지 혼돈의 2020년, 코로나-19 대유행으로 인한 위기를 극복하고 새로운 기회를 모색하기 위해 부동산 투자자가 봐야 할 것과 생각해야 할 점을 말씀드렸습니다. 코로나-19 팬데믹으로 인한 위기는 자산 시장에 몸담은 많은 투자자에게 충격과 공포, 불안을 안겨주었지만, 다른 한편으로 지난 2008년 금융 위기를 겪어보지 않았던 투자자들에게 좋은 보약이 되었다고 생각합니다. 아무리 많은 서적과 간접 경험을 통해 과거의 위기에 대해 이론적으로 알았다고 하더라도 현실에서 마주쳤을 때 느끼는 공포와 좌절, 그리고 새로운 기회는 직접 겪어보지 않고 서는 결코 깨달을 수 없습니다.

하나은행에서 발간한 '2020년 부자 리포트'에 따르면, 평균 65.2세인 금융 자산 10억 원 이상의 부자들이 종잣돈을 확보한 시기는 평균 41.5세로 1994~1996년, 즉 IMF 외환 위기 1~3년 전이었습니다. 이때는 대우가 세계 경영을 외치던 풍요의 시대였습니다. 지금의 부자가 된 사람들은 이 시기에 본격적으로 자기 사업이나 상속을 받아 부자의 길에 오르면서 자산이 어떻게 형성되고 무엇이 돈 가치가 있는지, 그리고 부자는 어떻게 될 수 있는지에 대한 훈련을 받았을 것입니다. 그리고 IMF 외환 위기를 맞아 주변의 같이 사업하던 사람이나 지인들이 망해가거나 반대로 위기를 기회로 역이용하는 것을 보면서 본인도 그동안 쌓은 종잣돈을 이용해 싼값에 자산을 매입하고 새로운 사업을 일으켜 큰 부를 이루었습니다.

종잣돈을 만들어내는 것은 사업소득이나 노동소득과 같이 꾸준한 적립을 통해 가능합니다. 하지만 이를 이용해 큰 부를 만들려면 부동산이든 주식이든, 어떠한 형태의 자산이든 싼값에 매입할 수 있는 시기가 필요하고, 그 시기는 아이러니하게도 전 세계적인 혹은 국가적인 경제 위기와 함께 옵니다. 하지만 그러한 시기는 일생을 통틀어 몇 번 주어지지 않습니다. 그리고 그 몇 번의 시기 중에서도 자신의 종잣돈이 준비되고 과감하게 저지를 용기와 직관이 있는 시기를 중복해보면 한 번 내지 두 번 정도가 전부입니다. 그 외 기회는 어려서 철이 없고 돈이 없어 흘려보내거나 노후 대비로 인해 넘겨버리고 맙니다. 대부분의 볼을 걸러버리고 만난 일생의 한두 번의 스트라이크, 그 위기 속의 기회가 자신의 부를 결정합니다.

우리는 지금 코로나 팬데믹이라는 새로운 전 세계적인 경제 위기를 만났습니다. 이번 위기가 지나갈 때쯤이면 각자의 부에 대한 명암이 갈릴 것입니다. 종잣돈과 충분한 돈의 감각으로 무장된 누군가에겐 일생에 한 번 만날까 말까 한 기회로 기억될 것이고 그렇지 못한 누군가에겐 그저 악몽 같은 추억의 한 자락으로 남을 것입니다.

아직 2020년은 계속되고 있고 시간은 남아 있습니다. 위기는 현재 진행형이고 기회 또한 현재 진행형입니다. 위기도 기회도 영어로는 'Event'라는 말로 통용될 수 있습니다. 일생일대의 이벤트의 1막인 2020년 상반기가 지나가고 이제 2막이 시작되고 있습니다. 인생에서 다시 오지 않을 일생일대의 기회를 맞아 필자의 책이 작은 도움이 되었기를 바라며 올 한 해 후회 없는 투자를 이루기를 기원합니다.

내 집 없는 부자는 없다

초판 1쇄 발행 2020년 6월 25일
초판 6쇄 발행 2021년 12월 21일

지은이 | 대치동 키즈
펴낸곳 | 원앤원북스
펴낸이 | 오운영
경영총괄 | 박종명
편집 | 최윤정 이광민 김상화
디자인 | 윤지예
마케팅 | 송만석 문준영 이지은
등록번호 | 제2018-000146호(2018년 1월 23일)
주소 | 04091 서울시 마포구 토정로 222 한국출판콘텐츠센터 319호(신수동)
전화 | (02)719-7735   팩스 | (02)719-7736
이메일 | onobooks2018@naver.com   블로그 | blog.naver.com/onobooks2018
값 | 16,000원
ISBN 979-11-7043-101-5 03320

이 도서의 국립중앙도서관 출판예정도서목록(CIP)은 서지정보유통지원시스템 홈페이지(http://
seoji.nl.go.kr)와 국가자료종합목록 구축시스템(http://kolis-net.nl.go.kr)에서 이용하실 수 있습
니다. (CIP제어번호 : CIP2020023486)